A Mulher Pobre

JACQUELINE ST-JEAN, ICO

A Mulher Pobre
Profeta de uma nova humanidade

SANTUÁRIO

DIREÇÃO EDITORIAL:
Pe. Marcelo C. Araújo, C.Ss.R.

COORDENAÇÃO EDITORIAL:
Ana Lúcia de Castro Leite

TRADUÇÃO:
Jacqueline St-Jean, Ico

COPIDESQUE:
Cristina Nunes

REVISÃO:
Hélio de Sousa Reis
Leila C. Dinis Fernandes

DIAGRAMAÇÃO E CAPA:
Marcelo Tsutomu Inomata

Título original: *Les femmes pauvres – Prophètes d'une nouvelle humanité*
© 2010 Les Éditions Novalis inc., Québec, Canadá.
ISBN 978-2-89646-204-9

**Dados Internacionais de Catalogação na Publicação (CIP)
(Câmara Brasileira do Livro, SP, Brasil)**

St-Jean, Jacqueline
 A mulher pobre: profeta de uma nova humanidade / Jacqueline St-Jean; [tradução da autora]. - Aparecida, SP: Editora Santuário, 2014.

 Título original: Les femmes pauvres: profetes d'une nouvelle humanité.
 Bibliografia
 ISBN 978-85-369-0344-6

 1. Mulheres pobres – Vida religiosa 2. Pobreza – Aspectos religiosos – Igreja Católica 3. Teologia feminista 4. Teologia da libertação I. Título.

14-04238   CDD-230.082

Índices para catálogo sistemático:
1. Mulheres pobres: Vida religiosa:
Cristianismo 230.082

Todos os direitos reservados à **EDITORA SANTUÁRIO** – 2014

 Composição, CTcP, impressão e acabamento:
Editora Santuário - Rua Pe. Claro Monteiro, 342
12570-000 – Aparecida-SP – Tel. (12) 3104-2000

Dedicatória

*A todos aqueles e aquelas
que veem no "discipulado de iguais"
uma presença de evangelização e
transformação na missão.*

Agradecimentos

À minha família, às minhas Irmãs de Congregação e às Comunidades Eclesiais de Base no Brasil que me iniciaram na sabedoria dos pobres!
Às mulheres, profetas de uma nova humanidade, que desafiam nossos sonhos de justiça e solidariedade!
A vocês, Carolyn, Ivone, Lise e Yvon, que contribuíram para fazer desse jornal teológico uma herança a compartilhar!

Homenagem

Às nossas Irmãs da Caridade
de Ottawa no Brasil,
protagonistas da Comunidade
Terapêutica ECOVIDA,
solidarizando-se com as mulheres em sua luta
contra a dependência química e sua exploração.
A você, Hélio, pela revisão do meu texto,
tornando possível essa nova edição do meu livro.
A você, padre Marcelo, da Editora Santuário,
dando vez e voz para "outra palavra" se
manifestar na missão!

Sumário

APRESENTAÇÃO | 13
PREFÁCIO | 17
INTRODUÇÃO | 21

1. A TEOLOGIA DA LIBERTAÇÃO NA AMÉRICA LATINA E A OPÇÃO PELOS POBRES | 27

   O mar nos separa | 28
   Uma cristandade em crise | 32
   O surgimento da Teologia da Libertação: uma abordagem particular | 37
   A fase de gestação | 39
   A fase de criação | 40
   A fase de crescimento e maturidade | 42
   A opção pelos pobres | 49

2. A TEOLOGIA FEMINISTA NA AMÉRICA LATINA E A OPÇÃO PELA MULHER POBRE | 59

   Uma Igreja, diferentes cenários | 60
   O processo de opção pela mulher pobre | 64
   Um erro que faz refletir | 67
   O desafio da descentralização | 71
   O poder no feminino | 72
   Os primeiros efeitos da mudança | 73
   Novos desafios | 74
   Surgimento da Teologia Feminista na América Latina | 78
   Três grandes etapas da construção de uma Teologia Feminista na América Latina | 79

Outra visão da libertação | 85
Ecofeminismo com Ivone Gebara | 89

3. A TEOLOGIA FEMINISTA CRÍTICA DA LIBERTAÇÃO E A TRANSFORMAÇÃO DA LIBERTAÇÃO | 95

O que é a Teologia Feminista Crítica da Libertação? | 96

O lugar da Teologia Feminista Crítica da Libertação | 99

A prática da interpretação bíblica ou hermenêutica | 100

A função hermenêutica e a luta pela libertação | 109

Duas abordagens diferentes | 110

Uma rearticulação do conceito de libertação | 112

A escolha de estratégias | 114

4. A CONTRIBUIÇÃO DA TEOLOGIA FEMINISTA NA COMUNIDADE E NO MUNDO | 121

Transformação da humanidade | 125

Profetismo das mulheres pobres | 127

Articulação de uma espiritualidade diferente | 129

Construção de uma solidariedade diferente | 132

Integração de uma Terra diferente no processo de libertação | 136

Rumo a uma Mãe Terra mais inclusiva | 141

Desafio do multiculturalismo | 144

CONCLUSÃO | 149
BIBLIOGRAFIA | 153

Apresentação

Este livro é um convite para entrar na dança! A princípio, eu nem sabia do que se tratava. Cheguei na ponta do pé, tentando "dançar conforme a música". As oportunidades não faltaram. Dei os primeiros passos nas Comunidades de Base através da Catequese Renovada, experiência que me levou a entrar na história do povo brasileiro em sua luta por libertação, à qual a comunidade de fé decide dar sua contribuição como "Igreja dos Pobres". Pela primeira vez, sinto-me chamada a fazer opção pelos pobres junto a tantos parceiros de caminhada. Nos passos de Medellín e Puebla, a Teologia da Libertação nos inspira, nos inquieta e nos transforma. Como um tesouro encontrado, repartido, multiplicado, devo admitir: eu vim para evangelizar e acabei sendo evangelizada!

Arriscando novos passos mais ousados na caminhada, como tantas mulheres de Igreja da América Latina, também senti o medo de perder o espaço conquistado. Porém, lentamente, o protagonismo "da opção pela mulher pobre entre os pobres" leva-me a fazer a experiência de uma fé mais inclusiva a partir da Teologia Feminista da Libertação e o surgimento do ecofeminismo com Ivone Gebara. Este despertar dá coragem para questionar o patriarcalismo na Igreja, denunciar as manifestações de sexismo – racismo – neoliberalismo em nosso meio, em vista da ecojustiça numa perspectiva mais abrangente que a própria justiça social. Sinto-me convidada para uma nova relação com Deus, entre nós e com a terra.

Como teóloga, a dança vai modificando-se até acertar o passo da "dança hermenêutica crítica feminista da libertação", segundo Elisabeth Schüssler Fiorenza. Com as mulheres da Bíblia e de hoje, a tarefa do "discipulado de iguais" na missão leva a passar de uma estrutura multiplicadora de opressão, que freia a dança da vida, para uma experiência relacional mais inclusiva, ultrapassando as fronteiras da própria reflexão hermenêutica.

Mas foi com as mulheres pobres da Bahia que a dança mais se concretizou. Cada passo foi um trampolim para dar novo sentido e novo rumo em suas vidas. Confirma-se o novo paradigma: a mulher pobre, profeta de uma nova humanidade. Na maneira da dança dos ecossistemas, descobrimos que é possível, no processo de uma libertação mais inclusiva, transformar a humanidade ferida, articular uma espiritualidade mais integrada, reconstruir o tecido da solidariedade, relacionar-se com a terra em defesa da vida.

De volta ao Canadá, surpresa! A dança continua, mas, desta vez, em ritmo de muticulturalismo. Convidada a participar do 5º Congresso das Pesquisas Feministas em Marrocos, na África, o testemunho das mulheres fala mais forte: a violência sexual – psicológica – moral está aumentando em todo o mundo e sempre faz da mulher uma "estrangeira", porque nem o sexo, nem o seu corpo lhe pertencem. Conclui-se que, sem mudar o mundo, é impossível mudar a vida das mulheres!

Olhando em sua volta hoje, quem é "a mulher pobre" que mais nos interpela? A Igreja, em sua Campanha da Fraternidade de 2014, reconhece que mais de 55% das vítimas do tráfico humano são mulheres. "Na irmã escravizada, é nossa própria filiação divina que vem sendo negada!" Em nosso redor, o aumento da violência e os abusos das mulheres no seu cotidiano são cada vez mais alarmantes! "É uma forma de preconceito do 'mais forte' contra a mulher apenas pelo fato de ser mulher." Também é preocupante, em relação às mulheres, o aumento da dependência das drogas, da prostituição e do erotismo exacerbado. A Igreja, a sociedade, o mundo precisam mais do que nunca do nosso toque de compaixão.

Agora, chegou a sua vez de entrar na dança! Adquirindo este livro, você contribui com o Projeto ECOVIDA: Espaço de Compaixão pela Vida, para a recuperação de mulheres com dependência química. Toda a renda será revertida ao projeto que foi implantado, no início de 2013, pelas Irmãs da Caridade de Ottawa no Brasil.

Irmã Jacqueline St-Jean

Prefácio

A *mulher pobre, profeta de uma nova humanidade* pode ser lido como um diário escrito após a viagem. É um trabalho de narrativa e reflexão, escrito por uma viajante que entrelaça sua vida e missão com a história de um povo, de uma Igreja e de uma teologia que surge no Sudeste do Brasil nos anos de 1979 a 2004.

Uma das vantagens deste livro é trazer-nos ao encantamento, emoções, preocupações e perguntas da autora diante de um novo pensamento teológico na América Latina. Jacqueline St-Jean mostra como conseguiu combinar teoria e prática em todos os aspectos da sua missão. Ela demonstra a possibilidade real de uma pessoa mudar a percepção dos problemas que enfrenta para incorporar novas análises e novas perspectivas no decorrer de sua própria trajetória. Isso ajuda a entender que a lealdade à tradição do Evangelho é um processo que se constrói hoje a partir das riquezas e das limitações do passado e do presente.

A experiência missionária de Jacqueline St-Jean no Brasil é acompanhada por certo interesse pelo desenvolvimento do pensamento teológico, desde a Teologia da Libertação até a Teologia Feminista. Da mesma forma, a escolha de viver entre os pobres é sempre acompanhada por uma reflexão sobre as causas da pobreza e os vários caminhos de libertação disponíveis para essas comunidades.

Como as primeiras notas de uma sonata definem a melodia da peça musical, Jacqueline St-Jean consegue traduzir o tom das injustiças sociais e aquelas feitas particularmente contra as mulheres, como sendo as notas do mesmo sistema opressor sociocultural. Vemos seu ingresso na luta pela dignidade das mulheres no Brasil, uma luta que se transforma em uma luta teológica, a mesma que levou ao advento da Teologia Feminista na América Latina, que mais tarde tornou-se "Teologia Feminista de Libertação". Seu compromisso vai permitir abrir-se para uma nova hermenêutica bíblica e para a ética feminista.

A luta contra a opressão das mulheres e contra a invisibilidade dessa opressão na sociedade e na Igreja favorece uma indignação saudável que é um solo fértil para a construção de novas relações humanas. As sementes da justiça que começam a crescer em todos os lugares serão um ponto de apoio no presente para inventar o futuro.

Jacqueline St-Jean harmoniza os temas musicais da teologia de Ivone Gebara, da hermenêutica bíblica de Elisabeth Schüssler Fiorenza e de muitas outras mulheres. Demonstra a possibilidade da biodiversidade em teologia, além da dominação masculina, colonialista, branca e ocidental.

Seu diário está cheio de esperança. É um convite para levar a sério a memória da história verdadeira, vivenciada, para que se torne uma herança para as gerações futuras e um lugar de partilha para os nossos contemporâneos.

Obrigada, Jacqueline, pela simplicidade e profundidade de seu diário teológico!

Ivone Gebara
Camaragibe, Brasil.

Introdução

Ser feminista, por si, é entrar em conflito com o reino dos pais, e ser teóloga feminista significa entrar em conflito não só com uma construção de significado do universo masculino, mas com uma construção de significado na perspectiva da libertação dos pobres.[1]

(Ivone GEBARA)

Falar da libertação dos pobres, na perspectiva da Teologia Feminista da Libertação, na América Latina, inevitavelmente, significa para mim uma indispensável reviravolta das terras patriarcais. Portanto, tratava-se de abrir caminho para uma nova visão da libertação e repensar a fé a partir das mulheres pobres, excluídas e exploradas.[2]

---

[1] DAVIAU, P. (Org.), *Pour libérer la théologie. Variations autour de la pensée féministe d´Ivone Gebara*. Québec: Les Presses de l'Université Laval, 2002, p. 105. Contribuição de Ivone Gebara analisando as tradições cristãs a partir do ponto de vista feminista.

[2] GUTIÉRREZ, G. *Teologia da Libertação*: perspectivas. Tradução de Jorge Soares. Petrópolis: Vozes, 1976, p. 250. Expressão que tem sua origem na Teologia da Libertação como práxis de libertação e fé cristã que a Teologia Feminista integrou e redefiniu: cf. DAVIAU, P. (org.), *op. cit.*, p. 138-139.

Mas uma pergunta surgiu: não havia perigo de trair a Teologia da Libertação? Por outro lado, a minha atração para a Teologia Feminista não podia prejudicar o meu compromisso concreto na missão? Portanto, decidi construir o presente ensaio a partir do que eu vivi junto ao povo, criando pontes entre minha trajetória missionária em terras brasileiras e a Teologia da Libertação, entrelaçando a opção pela mulher pobre a partir da *Teologia Feminista de Libertação*, segundo Ivone Gebara, e a *Teologia Feminista Crítica da Libertação*, segundo Elisabeth Schüssler Fiorenza. Mas como descrever essa experiência que, certamente, não é de uma pessoa alegando saber tudo ou tentando falar em nome dos outros? Daí que eu percebi a importância da missão que me levou a entrar na história do povo brasileiro inseparável de sua libertação, tornar-me uma deles, comprometer-me com as mulheres pobres entre os pobres e caminhar com elas: o que se revelou, de fato, uma experiência inédita de libertação.

O primeiro capítulo do meu livro narra a situação no Brasil em 1979 e o tumulto causado pela emergência da Teologia da Libertação na América Latina. Desde a minha chegada a Guarulhos e, mais tarde, a Tupi Paulista-SP, sou testemunha do impacto do processo libertador no meio dos pobres, das Comunidades de Base[3] para nos transformar, pelo fato mesmo, como missionários, sob o impulso das Conferências Episcopais de Medellín (1968) e Puebla

---

[3] As Comunidades Eclesiais de Base (CEBs) nasceram na década de 1960, com o desejo de devolver à Igreja seu caráter de Povo de Deus, segundo a tradição das primeiras comunidades cristãs. Elas surgiram especialmente nas sociedades mais pobres aqui na América Latina e foram apoiadas pelas Conferências Episcopais de Medellín (1968) e Puebla (1979), em conjunto com a opção pelos pobres. As Comunidades de Base são uma forma de assumir, por parte das próprias pessoas, a vida da Igreja e sua transformação como de toda a realidade. Essas células atuam como fermento na massa.

(1979). A opção pelos pobres é decisiva e se torna uma força de resistência e de transformação libertadora para todos e cada um de nós, bem como para toda a Igreja.

O segundo capítulo descreve como ocorreu a transformação da visão de libertação, em minha vida pessoal e nesta porção do povo com quem eu prossegui na missão em Ferraz de Vasconcelos, na periferia de São Paulo. Neste momento, com Ivone Gebara, teóloga brasileira, temos consciência de que a opção pelos pobres não integrou as mulheres pobres. Pouco a pouco, realiza-se a passagem de uma Teologia da Libertação no feminino para uma Teologia Feminista da Libertação, fato que levanta "a opção pelo pobre como opção pela mulher pobre".[4] No bairro dos Pimentas, na cidade de Guarulhos, o grito de indignação dos pobres nos desafia, bem como as lutas das mulheres na vida de cada dia. A sua busca de sentido de uma fé mais inclusiva levanta o questionamento do patriarcalismo na Igreja[5] e o surgimento do ecofeminismo, que começa a dar frutos. Esse despertar nos dá coragem para começar a denunciar as manifestações de sexismo, racismo e neoliberalismo em nosso meio. Então, comprometemo-nos a participar no processo de salvação da Terra, da defesa da vida e da reflexão sobre a fé, tornando-nos mais solidários com as mulheres pobres, excluídas e exploradas.

O terceiro capítulo relata a minha iniciação à "dança hermenêutica feminista crítica da libertação", por ocasião da passagem em São Paulo da teóloga americana Elisabeth Schüssler Fiorenza, uma das mais entendidas no assunto.

---

[4] GEBARA, I. "A opção pelo pobre como opção pela mulher pobre", *Concilium* 214, fasc. 5, 1987, p. 122-131.

[5] O **Patriarcalismo** tem como definição ideológica uma concepção autoritária do poder, justificando a supremacia do homem nas relações sociais.

Prosseguindo com meus estudos em Missiologia, eis uma oportunidade para eu descobrir como o fato de perceber a hermenêutica como uma dança favorece o significado da mudança de visão. Trata-se de passar de uma concepção linear da realidade para uma visão em espiral das relações, levando-nos a uma maior solidariedade para com as mulheres da história bíblica e de hoje. Permite reinterpretar a luta pela libertação em todos os seus aspectos. Entrando na dança, somos convidados a quebrar as fronteiras da hermenêutica e reler o percurso das mulheres para uma libertação mais inclusiva.

O quarto capítulo descreve a minha tentativa de integração do pensamento de Elisabeth Schüssler Fiorenza e Ivone Gebara na comunidade de Santa Luzia-BA, ao assumir a nova missão. Alguns professores e alunos da residência social da Universidade do Estado da Bahia (UNEB) se juntam ao grupo de mulheres do bairro na busca de uma libertação mais inclusiva. Desde o início, enfrentamos o desafio de construir uma "humanidade diferente" junto às mulheres mais sofridas. Em seguida, fizemos a experiência de uma "espiritualidade diferente", abrindo-nos a maneiras diferentes de falar de Deus. Em nosso esforço para transformar toda a situação, formamos uma cooperativa, levando uma "solidariedade diferente" para construir o "discipulado de iguais".[6] Finalmente, percebemos que a presença de uma "Terra diferente" é possível, mesmo se transplantadas, como os ecossistemas, não somos mais as mesmas, o cruzamento das culturas já nos modificou.

---

[6] FIORENZA SCHÜSSLER, E. *Discipulado de iguais:* uma ekklesia-logia feminista crítica da libertação. Tradução de Yolanda Toledo. Petrópolis: Vozes, 1995, p.120-121. Identifica o "discipulado de iguais" como a reconstrução teológica do movimento cristão primitivo, enfocando a transformação da Igreja patriarcal na comunidade-discipulado de iguais.

Se, para o meu primeiro mergulho na Teologia da Libertação e minha primeira experiência com as Comunidades de Base no Brasil, tive a sensação de que "o mar nos separa" da tradicional missão da Igreja, eu estava longe de prever aonde podia levar a visão da Mãe Terra de uma libertação mais inclusiva junto às mulheres pobres, profetas de uma nova humanidade. O 5º Congresso das Pesquisas Feministas de que eu participei em Marrocos, na África, em outubro de 2008, convenceu-me de que temos de reinventar os conceitos de igualdade de direitos e dignidade das mulheres, especialmente no momento em que a desigualdade está crescendo no ritmo da globalização.

Como não concluir, então, que a Teologia Feminista se tornou um pensamento irreversível para a transformação do conceito de libertação? É um grande passo para a sua realização na história. Como uma boa tempestade, ela abriu os olhos e mudou a vida das mulheres como coletividade. A Teologia Feminista encoraja-nos a uma visão mais abrangente do mundo e da humanidade, a um novo relacionamento com Deus, a uma solidariedade responsável para que a vida, todas as vidas possam florescer nos cantos mais remotos da Terra e crescer em igualdade de direitos e de dignidade.

A TEOLOGIA DA LIBERTAÇÃO NA AMÉRICA LATINA E A OPÇÃO PELOS POBRES

> *A Teologia da Libertação propõe uma nova maneira de fazer teologia [...]. É, portanto, uma teologia libertadora, uma teologia da transformação libertadora da história da humanidade, reunida em ecclesia que confessa abertamente Cristo [...] como um momento do processo através do qual o mundo é transformado.*[1]
> (Gustavo GUTIÉRREZ)

Essas poucas palavras de Gustavo Gutiérrez são suficientes para demonstrar em que medida a Teologia da Libertação tem sido decisiva para o grande

---
[1] GUTIÉRREZ, G. *Teologia da Libertação*, op cit., p. 27.

movimento político-eclesial que se desenvolveu na América Latina. Ela o foi especialmente para os pobres e oprimidos de todo o continente, mas também para as pessoas e as igrejas ao redor do mundo.

O processo libertador que começou aqui, em 1960, tornou-se a matriz da Teologia da Libertação, que, por si só, deu nascimento a uma nova maneira de viver o compromisso libertador, capaz de transformar uma comunidade de fé. Não é, portanto, surpreendente que, chegando em 1979, o meu maior choque sociocultural venha nos tempos da grande massa de pobres vivendo à margem da sociedade, mas juntando-se para formar as muitas comunidades de Igreja.

O mar nos separa

No avião que nos leva do Canadá para o Brasil, em 26 de julho de 1979,[2] os primeiros desafios da missão já aparecem. "O mar nos separa", exclamou a minha colega olhando pela janela. Pensando em quem deixamos para trás, é impossível não sentir um aperto no coração. O infinito do oceano leva-nos para o desconhecido nas asas da Providência em quem confiamos. Mas, neste momento, estamos muito longe de perceber até que ponto "um mar nos separa", não somente da nossa terra, mas sobretudo da missão de Igreja que nos espera.

Depois de mais de doze horas de voo, eis que chegamos sobre o Rio de Janeiro, onde o Cristo Redentor nos acolhe

---

[2] IRMÃS DA CARIDADE DE OTTAWA. *Crônicas do Brasil*. Arquivos da Casa Mãe. Ottawa, 184/26 de julho de 1979. Momento em que estamos voando para São Paulo, Brasil, a fim de juntar-nos à equipe dos missionários canadenses das dioceses de Ottawa–Hull–Mont-Laurier.

de braços abertos. Desembarcando no aeroporto, temos nossa primeira troca de palavras em português com os representantes da agência de imigração, passando de uma mesa para outra. Nossa bagagem segue, antes de nós, para São Paulo. Depois de algumas horas de atraso, chegamos ao aeroporto de Congonhas, onde somos acolhidas com abraços bem brasileiros. Na estrada que nos leva a Guarulhos, no meio de um trânsito frenético, peço a Deus para me dar pelo menos um dia de vida em terras brasileiras. A minha oração foi atendida, mais de 25 anos de missão no Brasil já se passaram até agora.

Desde que cheguei, estou entrosada na equipe dos missionários canadenses da Paróquia de Nossa Senhora de Fátima, em Guarulhos.[3] Logo no início, percebo que sou integrada a uma paróquia que tem abraçado a opção de Medellín: as comunidades e os grupos de base são tantos que levam meses para fazer a volta![4] A equipe paroquial, as equipes de formação pastoral, os círculos bíblicos, as novenas, a Campanha da Fraternidade, os grupos de jovens, o serviço social, todas as forças se juntam para enfrentar as lutas e superar os desafios da libertação. Sendo assim, a seiva circula: o Evangelho é anunciado, os pobres amparados, as celebrações fortalecem a fé e a confiança alimenta a corresponsabilidade. Não há um dia em que não temos a oportunidade de caminhar juntos com uma comunidade ou outra. Não é de estranhar por que, nestes anos todos, a Paróquia de Nossa Senhora de Fátima parece escrever uma nova

---

[3] IRMÃS DA CARIDADE DE OTTAWA. *Crônicas do Brasil.* Arquivos da Casa Mãe. Ottawa, 184/03 de setembro de 1979.

[4] Em 1979, Guarulhos faz parte da Grande São Paulo e tem perto de um milhão de habitantes. Esta Paróquia alcança os bairros de Taboão, São Domingos, Vila Barros, Jardim Ipanema, Bela Vista, Monte Carmelo, Vila Fátima, Vila Flórida, Jardim São Francisco e Parque CECAP. Encontram-se muitas Comunidades de Base, fermento de uma Igreja viva.

página dos Atos das primeiras comunidades do Evangelho. Torna-se um lugar "de comunhão e participação"[5] com os pobres na luta pela justiça.

Por outro lado, quanto mais mergulhamos no tecido social de Guarulhos, mais vamos notar as desigualdades entre as pessoas, a exclusão social e a violência que estão se manifestando. A grande pobreza coexiste com uma grande riqueza, e o fosso entre ricos e pobres é evidente. Todos os sistemas funcionam aqui em duas velocidades: a saúde, a educação, a habitação, a infraestrutura, os empregos e salários. Porém, o mesmo ditado, bem brasileiro, é unânime, tanto entre os pobres como entre os ricos: aconteça o que acontecer, é "graças a Deus" e "se Deus quiser". Nos seus esforços de urbanização, a cidade não está imune à corrupção infiltrada em todos os lugares. Aqui mesmo na Vila Fátima, somos testemunhas de ações do "esquadrão da morte". Contam que este grupo armado foi criado no âmbito da força policial, mantido pelo Estado e apoiado pelas multinacionais, a fim de garantir a segurança nacional e a limpeza social. Somos testemunhas de fatos em frente mesmo da igreja. Por vezes, é o secretário da paróquia que apanha porque é negro; outra vez, o vigário é ameaçado porque denunciou umas injustiças. Muitas vezes, são os jovens que são vítimas de abusos, massacres, torturas, ou desaparecem simplesmente porque carregam as marcas que não devem denunciar. Algumas pessoas envolvidas na política são "cassadas", simplesmente postas de lado; perdem os seus empregos porque incomodam.

---

[5] LIBÂNIO, J. B. "La théologie de la libération. Nouvelles figures", *Études*, 2005/5, tome 402, p. 645-655. "Comunhão e Participação" sendo o eixo da Conferência de Puebla, capítulos 1-2-3, p. 235-349.

O fenômeno mais marcante em nosso redor são as favelas.[6] Elas surgem como cogumelos, porque muitas famílias são expulsas de suas terras, principalmente vindas do Nordeste do Brasil. Chegam aqui, constroem seus barracos nas favelas da cidade que, por conseguinte, se transformam em bolsões de pobreza. Todos os dias, a caminho para meu trabalho, eu percorro esses bairros encontrando uma multidão. São trabalhadores, jovens, idosos, especialmente as mulheres conduzindo um exército de crianças para a escola. O hábito religioso logo me identifica, mesmo antes de ser conhecida pelo nome: "Mãe, olha, a igreja está andando", dizem as crianças. Com o tempo, trocamos sorrisos e as pessoas aproximam-se, as crianças sendo as primeiras a chegar. Graças ao nosso bom relacionamento, começo a falar a sua língua e logo sou convidada para entrar em suas casas. Uma vez entrosada, dá para perceber que os favelados não são marginais, mas marginalizados, na sua maioria rejeitados, explorados e despojados de seus direitos mais elementares. Através de sua luta diária para sobreviver, estão demonstrando o quanto eles são motivados por uma irreprimível vontade de libertação e integração social.

É incrível como Guarulhos reflete o que é o Brasil no início dos anos 80. O mundo dos ricos e dos pobres crescem juntos na periferia; os dois são movidos pela mesma vontade de viver a qualquer preço; dois mundos que só uma maior solidariedade poderia unir. Isso pode ser visto claramente na feira, este grande mercado aberto numa encruzilhada, onde ricos e pobres têm a oportunidade de compreender o quanto uns precisam dos outros. Ainda

---

[6]   O que chama a nossa atenção são as favelas construídas onde ninguém quer morar, em terrenos à beira de um rio poluído, cercado por lixão. Por isso, provoca nossa indignação: como seres humanos podem ser forçados a viver em condições tão desumanas?

ouço o mendigo, que não tem sequer o necessário para um cafezinho, declarar para uma senhora que caminha na manhã fria de inverno com seu cachorro todo encapotado: "Em outra vida, quero ser o cachorrinho da senhora!"

Faltam palavras para descrever a situação de miséria a que assistimos todos os dias e, especialmente, para entender toda essa realidade, feita de opressão e violência que nos rodeia. O mais difícil não é tanto falar português, mas falar do Evangelho! Como anunciar a esses pobres que Deus é um Pai que os ama, enquanto eles são abandonados desse jeito? Como não ficar a seu lado, prestando toda solidariedade? É por isso que tomei a decisão de reaprender a trabalhar na Igreja, de refazer os primeiros passos na catequese, mesmo depois de uma longa experiência pós-conciliar no Canadá. Doravante, a minha opção missionária e a opção preferencial pelos pobres são uma só! E eis que o mar já começa a me carregar em suas ondas para as margens desta terra cada vez mais amada, vivendo "uma crise da cristandade" que afeta a todos nós e nos obriga a tomar posição.

Uma cristandade em crise

Na minha chegada ao Brasil, em 1979, tenho a sensação de nadar entre duas águas por não conhecer as viradas da história que repercutem até hoje. A confusão começou no Canadá, no curso de idioma falando do "milagre brasileiro". Enquanto se projetava a imagem de um Brasil em desenvolvimento, eu tinha ouvido falar, por outro lado, da situação real dos pobres com os missionários que trabalhavam aqui.

Várias questões permanecem sem respostas: Por que razão o atraso dos nossos vistos bloqueados durante onze meses no Ministério da Justiça, em Brasília? Por que não ter acesso ao curso de línguas e inculturação ao chegar ao Brasil, como tantos outros missionários tiveram antes de nós? Estas situações não são o sinal de um mal-estar entre o Estado e a Igreja, de uma tensão dentro da própria Igreja? Já que em Puebla, México (1979), a Igreja insiste no fato de que nos deixemos evangelizar pelos pobres, eis que me foi aconselhado a entrar desde já na escola das Comunidades de Base.

Foi por aí que, aos poucos, minhas perguntas se transformaram: Como nasceram as Comunidades Eclesiais de Base e como a opção pelos pobres e a Teologia da Libertação tomaram corpo na América Latina? Então, o que foi que aconteceu neste país, desde o projeto da cristandade ligado à invasão colonial das Américas até o hoje de Medellín e Puebla? Uma resposta a essas perguntas exigia, de fato, um estudo mais aprofundado para entender o presente da Igreja daqui, à luz do seu passado.

Foi mergulhando na catequese dentro da imensa Paróquia de Nossa Senhora de Fátima que eu comecei a compreender isso melhor, proporcionando-me uma experiência "de catarse". Logo, nos primeiros encontros de formação dos catequistas das Comunidades de Base, tomei um banho de conscientização através de pequenas encenações, músicas, danças e relatórios de pessoas tomando a palavra em nome de índios, dos negros, das mulheres e dos pobres envolvidos no processo de libertação que tem marcado a história da catequese no país. Alguns contam como, no início da invasão e colonização das Américas no final do século XV, a fé foi implantada em nome do Império e do Cristianismo. Outros descrevem o período da escravidão, a partir do século XVI até o século XIX, durante o qual os negros foram obrigados a abraçar a fé cristã. Essa política teve o efeito de criar uma dualidade, tanto em nível de adesão como de expressão da fé, que eles tentaram proteger desde suas raízes e suas culturas ancestrais. Outro grupo demonstrou como, no final do século XIX, com a chegada em massa de imigrantes europeus, a tradição da Igreja se desenvolveu, bem como a piedade popular através do catecismo, das devoções, das associações e dos sacramentos. Outro grupo, representante da década de 1960, mostra o impasse que se deu na Igreja, momento em que a massa dos pobres, em busca de libertação, encarou as ditaduras e a dominação americana de conivência com a elite religiosa. Por fim, um último grupo narra a criação da Paróquia de Nossa Senhora de Fátima, em 1964, e as grandes mudanças que ocorreram na Igreja com a chegada dos missionários canadenses: a missa sendo celebrada na língua do povo, as imagens mudando de lugar, as Comunidades de Base surgindo por toda a parte. A evangelização e a libertação tornaram-se parceiras e a catequese substituiu o catecismo. Com a missão canadense, Vaticano II e Medellín chegaram até nós! Do seu lado, as mulheres testemunham a emergência de uma libertação mais inclusiva: "É por meio das Comunidades de Base que descobri meus direitos e deixei de ser esta mulher tão oprimida",[7] explica uma delas.

E, daí, surgem muitos motivos para se perguntar: Que lições tirar dessa crise da cristandade do passado? Como fazer para que a catequese atual seja fiel à novidade de Deus presente nos pobres? Como evangelizar os pobres para que o Evangelho possa transformar-se em uma boa notícia para

---

[7] Testemunho de uma catequista da Comunidade de Base da Vila Fátima. Ver também umas palavras semelhantes de tantas outras mulheres em MUNHOZ, A. *Feminismo e Evangelização*: umas interpretações e perspectivas. São Paulo: Faculdade Nossa Senhora da Assunção, 2002, p. 150.

todo o povo? Parece-me importante doravante levar em conta a história da cristandade em crise até este novo rosto da Igreja que surge através das Comunidades de Base. Por isso, tornou-se indispensável procurar entender melhor os desafios da Igreja na América Latina, a partir da década de 1960. Um curso de verão na Faculdade de Teologia Nossa Senhora da Assunção, em São Paulo, não podia ser mais indicado para juntar os pedaços do quebra-cabeça.[8]

E nesse contexto, enquanto desfilam historiadores e teólogos e, do outro, temos acesso às fontes, está gradualmente emergindo um retrato da situação: "No que se refere à crise da nova cristandade, iniciada a partir de 1960, estão em jogo três processos básicos: a crise do Estado e do bloco social dominante, a ascensão do movimento de massas e o aparecimento de um novo modelo de dominação",[9] diz Pablo Richard. Então, eu entendo que a relação entre a Igreja, o Estado e a sociedade civil, a partir de 1960, é um processo de crise estrutural e irreversível. O capital multinacional procura, em primeiro lugar, criar uma rápida expansão do mercado e das empresas transnacionais, sob o controle da Comissão Trilateral.[10] De seu

---

[8] IRMÃS DA CARIDADE DE OTTAWA. *Crônicas do Brasil*. Arquivos da Casa Mãe. Ottawa, 184/21 de julho-agosto de 1980. Aprofundamento a partir do curso de verão: Liturgia e Inculturação (1980-1983), Faculdade Nossa Senhora da Assunção, SP.

[9] RICHARD, P. *Morte das Cristandades e nascimento da Igreja*. Tradução de Neroaldo Pontes de Almeida. São Paulo: Paulinas, 1982, p. 24.

[10] A Comissão Trilateral é uma organização privada, fundada em 1973 por iniciativa de David Rockefeller, Henry Kissinger e Zbigniew Brzezinski, principais dirigentes do grupo Bilderberg e do Conselho das Relações Estrangeiras. Entre os cerca de 300 a 400 membros iniciais, estavam acadêmicos, políticos, magnatas da indústria, banqueiros internacionais, líderes de centrais sindicais e diretores dos gigantes da mídia da Europa Ocidental, da América do Norte e da Ásia. O seu objetivo é promover e construir uma cooperação política e econômica entre os três polos da Tríade. Assim, a soberania nacional precisa ser reduzida e depois abolida totalmente, de modo a abrir o caminho para a Nova Ordem Internacional, que será governada por uma elite globalista não eleita e com sua própria estrutura jurídica (cf. pt.wikipedia.org/wiki/Comissão_Trilateral).

lado, apoiando o Estado como sempre tem feito, a Igreja causou um deslocamento e uma divisão entre uma parcela de seus fiéis, que rejeitou qualquer aliança com o Estado, e as classes dominantes. Este movimento popular mais sensibilizado chegou a conquistar a base social dos pobres, que foi estruturada na participação dos cristãos nos movimentos de libertação e baseada nas associações religiosas de toda a América Latina. Na década dos anos 70, é introduzido em toda a América Latina um novo modelo de dominação: sob o governo cada vez mais autoritário, o Regime Militar atinge o seu apogeu, com base na Doutrina de Segurança Nacional. Centenas de brasileiros são, em seguida, censurados, presos e desaparecidos.

A nova cristandade "não pode escapar a esta espiral de politização do seu papel de mediação diante da ditadura [...] e ainda é forçada a uma inevitável cristianização da relação entre a Igreja e o Estado".[11] Este processo de contradição e radicalização precipitou uma ruptura da relação entre a Igreja, o Estado e as classes dominantes e as classes exploradas que estão começando a emergir como "Igreja dos Pobres".[12] No centro desse conflito, dois eventos cercam a Igreja dos Pobres: por um lado, é a Teologia da Libertação, que surge e a ela se incorpora; por outro, é a Conferência dos Bispos de Medellín, em 1968, que dá uma expressão formal para esse processo de mudança histórica da Igreja na América Latina.[13]

No coração desse processo libertador, o surgimento da "Igreja dos Pobres" provou ser uma experiência profunda e decisiva. A expressão aparece como a última palavra

---

[11] RICHARD, P. *Op. cit.*, p. 216.
[12] COMBLIN, J. *O Povo de Deus*. São Paulo: Paulus, 2002, p. 98.
[13] RICHARD, P. *Morte das Cristandades e nascimento da Igreja, op. cit.*, p. 185.

pronunciada à luz da fé sobre a situação de injustiça e de opressão que afeta milhares de irmãs e irmãos da América Latina. É cada vez mais claro que o clamor dos oprimidos não pode ser "ouvido" sem ser inserido no processo de libertação ao qual a comunidade de fé decide dar sua contribuição. Pela primeira vez como cristã, tomo consciência de ser chamada a participar desse grande projeto de libertação dos pobres, tornando-se agora inseparável da minha opção de fé.

O surgimento da Teologia da Libertação: uma abordagem particular

Mesmo se as sessões de verão na Faculdade Nossa Senhora da Assunção pareciam-me muito gratificantes, sempre fico ansiosa por voltar para a paróquia, a fim de retomar a caminhada com a comunidade. Um dia, para grande surpresa minha, percebo que a prática da Teologia da Libertação, de que tanto se fala nos cursos e livros, acontece naturalmente no meio do povo. As novenas, os círculos bíblicos, os encontros de reflexão pastoral e a catequese sempre começam por recordar um "fato da vida". De fato, identificamos as situações de opressão e de injustiça no coração das realidades sociais, vistas a partir do ponto de vista do oprimido. A procura de sentido no nível da fé faz surgir a Palavra de Deus que leva a anunciar o Cristo libertador. Em seguida, o grupo se pergunta: Como chegar a uma transformação da situação através de uma ação concreta?

Assim, a partir da prática dos próprios pobres, eu sou capaz de descobrir como funciona a Teologia da Libertação em todas as suas dimensões. Conclui-se que a Teologia da

Libertação é uma abordagem indutiva, contrário à tarefa dedutiva que é habitual em Teologia:

- A pessoa focalizada pela Teologia da Libertação pertence à classe social explorada, ela é o centro da situação.
- É chamada a descobrir a dimensão da solidariedade, para estar no meio dos pobres, como o fermento do Reino na massa da existência e da história.
- Finalmente, é chamada a construir a dimensão teológica, isto é, a libertação das raízes da injustiça, a fim de chegar a uma reconciliação com Deus e os seres humanos entre si.

Para descrever o processo da Teologia da Libertação, Gustavo Gutiérrez fala dessa experiência como "o esboço de um novo modo de fazer teologia".[14] É assim que podemos compreender o surgimento da Teologia da Libertação que reproduz o destino humano dos pobres. Eles tentam assumir sua causa, não a partir de uma teoria, mas como um caminho de fé para que toda a comunidade participe com eles. Mais tarde, outros teólogos vão ter o cuidado de descrever o caminho da Teologia da Libertação, desde sua gestação, sua gênese, do seu crescimento até sua fase de confrontação e consolidação. Eles irão chamar a atenção para seu significado como herdeira da tradição crítica e profética da experiência cristã de libertação.[15]

---

[14] GUITIÉRREZ, G. *Teologia da Libertação, op. cit.*, p. 270.
[15] LIBÂNIO, J. B. e ANTONIAZZI, A. *Vinte anos de teologia na América Latina e no Brasil.* Petrópolis: Vozes, 1993, p. 12-19.

A fase de gestação

Falar de gestação é falar de uma etapa em que a vida toma corpo. No caso da Teologia da Libertação, trata-se de uma gestação a partir de uma escolha (1962-1969). Tal qual a última da família fazendo pergunta após pergunta, foi por aí que eu comecei a entender.

Na sua gestação, a Teologia da Libertação encontra-se íntima e estruturalmente ligada ao impacto dos movimentos de libertação em andamento. Diante do problema da exploração e do desenvolvimento, diante das revoluções e da guerrilha, a Igreja latino-americana solidariza-se com os pobres e toma posição contra o capitalismo moderno. Devemos a Gustavo Gutiérrez "a ruptura entre uma visão de mundo ligada a uma prática 'desarrollista'[16] e uma outra ligada a uma prática de libertação, por conseguinte, a passagem de uma teologia do desenvolvimento para uma teologia da libertação".[17]

Essa passagem política, ideológica e teológica terá repercussões sobre a 2ª Conferência do Episcopado em Medellín, considerando que a Igreja da América Latina define-se como "Igreja dos Pobres".

> A "Igreja dos Pobres" inclui tudo o que havia na expressão conciliar de "povo de Deus", mas acrescenta onde se encontra esse povo de Deus: O povo de Deus são os pobres [...]. Portanto, tudo na Igreja deve partir da centralidade dos pobres [...].

---

[16] GUTIÉRREZ, G. *Op. cit.*, p. 32-33. O termo "*desarrollismo*" significa "desenvolvimentismo". Refere-se a uma prática que promove interesses econômicos internacionais, mas que se revelou prejudicial para um verdadeiro desenvolvimento dos países pobres.

[17] RICHARD, P. *Morte das Cristandades, op. cit.*, p. 185-186; GUTIÉRREZ, G. *Op. cit.*, p. 44. É a partir da Conferência de Chimbote, Peru, em 1968, que se manifesta uma visão diferente da libertação dos pobres. Em contraste com o que a Comissão Trilateral procura fazer no Terceiro Mundo junto aos representantes dos poderes econômico, político e crescimento intelectual dos Estados Unidos, da Europa e da Ásia.

O reconhecimento da "Igreja dos Pobres" leva necessariamente à mudança nas relações de poder.[18]

Portanto, se, com o Concílio Vaticano II, toda a Igreja deixou de se ver como "sociedade perfeita" para tornar-se a "Igreja-Povo de Deus", com Medellín, na América Latina, com a irrupção dos pobres na Igreja, passa a ser chamada "Igreja dos Pobres". Agora, eles não podem ser considerados como uma parte da Igreja ou uma igreja à parte. Mais especificamente, essa "Igreja dos Pobres" terá a forma de Comunidades Eclesiais de Base (CEBs), manifestando uma nova maneira de ser Igreja, com traços mais dinâmicos da vida da Igreja. Unindo espiritualidade e engajamento político-social, as CEBs assumem uma pastoral mais profética, envolvidas na libertação dos pobres. Agir em favor dos mais pobres já não é suficiente, a Igreja deve tornar-se a "Igreja dos Pobres". A Teologia da Libertação é, portanto, desenvolvida como aliada à Igreja dos Pobres e sustenta a caminhada das Comunidades Eclesiais de Base.[19] Pouco a pouco, vou descobrindo o verdadeiro significado do nosso trabalho pastoral nas Comunidades de Base, que se tornaram, de certa forma, o sinal da nossa pertença à Igreja, e a necessidade de organizar toda a Pastoral a partir dos pobres.

A fase de criação

A gênese da Teologia da Libertação é uma "história do recomeço" (1970-1971), recriando espaços para o anúncio

---

[18] COMBLIN, J. *O Povo de Deus, op. cit.*, p. 99-100.
[19] LIBÂNIO, J. B. *Vinte anos de teologia na América Latina, op. cit.*, p. 50; COMBLIN, J. "Trinta anos de teologia latino-americana", em L. C. SUSIN (org.). *O mar se abriu*. São Paulo: Loyola, 2000, p. 184-187.

profético, o desafio da fé e da transformação da sociedade. Segundo o conceito-chave da Teologia da Libertação, a tarefa teológica da libertação começa com a denúncia profética no coração da história. Ela passa através da prática política dos cristãos, que se torna uma exigência para uma evangelização iluminada. Ela evolui a partir da perspectiva dos pobres e explorados como sujeitos da libertação.[20] É por isso que, nesta teologia, não há verdades prontas, textos definidos com antecedência ou legislação sobre o que fazer. Trata-se de uma tarefa teológica a fazer em solidariedade com os pobres que não surge simplesmente da dimensão social da fé. Toma como ponto de partida a situação dos oprimidos como "lugar teológico", a partir do qual o discurso sobre Deus é construído.

Graças aos catequistas, comecei a entender melhor a importância do "lugar teológico" e até que ponto a evangelização dos pobres é central na comunidade. Eis que a catequista Rosa da comunidade São José, do Bairro Bela Vista, não aparece há algum tempo. A equipe de catequese vai atrás, mas em vão, pois o endereço não corresponde ao seu lugar de residência. Tempo depois, quando Rosa retorna, conta que simplesmente inventou um endereço, com medo de não ser aceita como catequista porque vive na favela. Segundo ela, foi o que fez para conseguir emprego: acima de tudo, é preciso que o empregador não saiba que é da favela. Logo, deixamos claro que na comunidade não deve ser assim. Ao contrário, o indispensável para a catequese é a solidariedade para com os mais pobres, e o fato de ela morar no meio deles se torna um motivo a mais, a fim de lutar para que ninguém tenha vergonha de viver na favela.

---

[20] GUTIÉRREZ, G. *Teologia da Libertação*, op. cit., p. 106-112; SEGUNDO, J. L. *The Liberation of Theology*. New York: Orbis Books, 1975, p. 7-15.

Porém, com o objetivo de transformar a comunidade num lugar onde todos possam viver com dignidade, este resultado será a mais bela das catequeses.

A fase de crescimento e maturidade

Como desenhar o retrato da Teologia da Libertação neste período de crescimento e de maior maturidade (1972-1999)? O fato de falar sobre isso faz-me perceber que é bem aqui no coração desta etapa que eu me encontrei ao chegar ao Brasil como missionária, caminhando no ritmo da evolução da Teologia da Libertação. O impacto político-social, eclesial, pastoral e teológico desta escolha da Igreja não demorou muito para se manifestar. Um movimento de repressão e perseguição, gestado sob o regime da Segurança Nacional e a influência da política externa americana, vê na Teologia da Libertação o inimigo do sistema capitalista. Este movimento interpreta o compromisso com os pobres como uma organização subversiva. Dom Helder Câmara, arcebispo de Olinda e Recife, numa das regiões mais pobres do Brasil, ilustra bem o dilema no qual se encontra a Igreja: "Quando dou comida aos pobres, eles dizem que eu sou um santo. Quando eu pergunto por que os pobres não têm o que comer, eles me chamam de comunista".[21] Os teólogos da libertação são tidos como suspeitos. São difamados, perseguidos, alguns são até mesmo torturados e assassinados. No entanto, de todos os cantos do Brasil, surgem os profetas denunciando a exclusão dos pobres: Helder Câmara, advogado dos pobres; Paulo Evaristo Arns, o apóstolo da

---

[21] VERHELST, J.T. *Triologies entre le cosmique, l'humain et le divin*. Disponível em: www.trilogies.org/spip.php?article 29, p. 5.

não violência; Luciano Mendes, defensor da unidade; Pedro Casaldáliga, mística da libertação. Os assassinatos de Dom Oscar Romero em El Salvador em 1980, de Margarida Alves, líder sindical rural da Paraíba em 1983, do Padre Ellacuría e companheiros jesuítas de El Salvador em 1989 e de muitos outros confirmam a Igreja latino-americana dos pobres em sua luta pela justiça.

O movimento contra a Teologia da Libertação, dentro da Igreja, já havia sido iniciado desde a Conferência de Puebla, em 1979. A ausência dos teólogos da libertação, como assessores oficiais, teve repercussão na redação do Documento. Uma leitura atenta desse documento revela que em nenhum lugar se refere à Teologia da Libertação.[22] Assim, mesmo se essa Conferência pretende situar-se na esteira de Medellín, mostra uma tendência mais conservadora, no plano da dogmática. Por outro lado, procura retomar a posição de Medellín em relação aos pobres, uma posição que parece profética e libertadora na sua análise da realidade, das suas opções e pistas de pastoral. Apresenta uma eclesiologia de "comunhão e participação". A partir de Puebla, as Diretrizes Gerais da Ação Pastoral (DGAP) assumem com vigor a perspectiva de uma evangelização libertadora. "Evangelizar" passa a ser a palavra-chave de toda a animação pastoral.[23]

Na nossa prática pastoral, porém, a Teologia da Libertação vai continuar sendo a parceira com quem podemos contar. Evangelizar na catequese nos aproxima das pessoas que ainda não fazem parte de uma Comunidade de

---

[22] LIBÂNIO, J.B. *Vinte anos de teologia na América Latina*, op. cit., p. 14; GUTIÉRREZ, G. *A força histórica dos pobres*, tradução de Álvaro Cunha. Petrópolis: Vozes, 1981, p. 157. Puebla desloca o eixo da problemática da Igreja latino-americana para aquilo que é visto agora como questionamento mais radical da fé: o processo da secularização. Daí sua acentuada diferença com a linha adotada pela Igreja latino-americana em Medellín.

[23] CELAM, *Conclusões da Conferência de Puebla*. São Paulo: Paulinas, 1979, p. 121-122.

Base, mas cuja fé é profundamente enraizada na piedade popular. Assim, por exemplo, antes mesmo de apresentar a criança para o batismo na Igreja, os pais já passam na benzedeira[24] do bairro para pedir reza e cura. Para muitos, as bênçãos, as curas, os milagres, as novenas, as promessas, as procissões e peregrinações, ligados a uma grande devoção a Nossa Senhora Aparecida, ao Padre Cícero, a Frei Damião, ao culto dos santos e até aos orixás,[25] passam antes do sacramento e da luta pela libertação. Por outro lado, se a criança morrer antes de ser batizada, a família insiste para que o seja depois.

Cheguei a chamar isso de ingenuidade, de superstição ou até de ignorância religiosa. Sentia-me culpada pelo fato de que a catequese não era a primeira a chegar ou a ser chamada. Ficava me perguntando: como distinguir o que é piedade popular de outras crenças e por que essa mistura ainda existe? Foi preciso entender que os novos caminhos da evangelização devem necessariamente passar pela compreensão dos contextos culturais da fé, antes mesmo de considerar o desenvolvimento de projetos da fé.[26] Daí, a importância de que a catequese esteja inserida na comunidade, a fim de favorecer uma releitura da religiosidade popular em diálogo com a história e a cultura do nosso povo. A Comunidade de Base assim prossegue com paciência e discernimento através dos círculos bíblicos, da Campanha da Fraternidade, organizada pela CNBB no tempo da Quaresma, através dos movimentos

---

[24] Tradição enraízada na cultura popular do Brasil que tem suas origens no sincretismo religioso referente a umas pessoas com poderes sobrenaturais exercitando curas e rezando sobre doentes.

[25] Ancestrais divinizados africanos, cujos arquétipos são relacionados às forças da natureza e foram integrados às crenças populares. Alguns deles, como Essi-Ogum e Iemanjá são invocados mais frequentemente.

[26] SUESS, P. *Evangelizar a partir dos projetos dos outros:* ensaios de missiologia. Paulus: São Paulo, 1995, p. 190.

de conscientização e da preparação dos adultos para os sacramentos. Só mais tarde, com a IV Conferência do Episcopado Latino-Americano de Santo Domingo, em 1992, as manifestações de piedade popular serão reconhecidas como uma força de resistência e de coesão, fazendo parte dos desafios de uma nova evangelização essencialmente inculturada das culturas marginalizadas.[27]

Para as grandes sínteses, os teólogos da América Latina se distinguem e dão a este período uma grande maturidade teológica.[28] A Teologia da Libertação não se pergunta se Deus existe, mas "onde Deus está". É por isso que os temas da "não pessoa", de sua história e sua cultura, da força histórica dos pobres e da justiça, da prática histórica do Cristo, da solidariedade e da espiritualidade enraizada na ação libertadora de Jesus, da eclesiologia a partir das Comunidades de Base fazem agora parte da reflexão e da prática pastoral. Não é, pois, de admirar que o projeto da Catequese Renovada a tenha como referência. Foi, a partir

---

[27] CNBB. *Das Diretrizes a Santo Domingo*, n. 48. São Paulo: Paulinas, 1992, art. 29.
[28] LIBÂNIO, J. B. *Vinte anos de teologia na América Latina*, op. cit., p. 17; RICHARD, P. *Morte das Cristandades*, op. cit., p. 181. Todas as dimensões da teologia são abordadas pela Teologia da Libertação. Vejam as conferências de dois primeiros congressos sobre a Teologia da Libertação publicadas em: Simpósio "Teología de liberación": I *Liberación de la teología latino-americana en la decada de pos 70* (Bogotá, março 1970); II - *Aportes para la liberación en América Latina* (Bogotá, julho 1972); Simpósio protestante ISAL em Buenos Aires (1971); Seminário da Teologia da Libertação no México (1975); as Publicações: *Teologia de la Liberación. Perspectivas*. Lima, 1971 (Gustavo Gutiérrez); *Opresión-Liberación: desafio de los cristianos*. Montevidéu, 1971 (Hugo Assmann); "*Hacia una fundamentación del* método teológico latino-americano" em *ECA*, 1975, p. 322-323, 409-425 (Ignacio Elliacuría); *Jesus Cristo Libertador*. Petrópolis, 1977 (Leonardo Boff); "Teologia no Brasil: reflexões crítico-metodológicas", em *Perspectiva teológica* 17 (1977), p. 27-79 (José Batista Libânio); *Teologia e prática. Teologia do político e suas mediações*. Petrópolis: Vozes, 1978 (Clodóvis Boff); *A força histórica dos pobres*. Petrópolis: Vozes, 1981 (Gustavo Gutiérrez); *Jesus Cristo e sua missão*. São Paulo: Paulinas, 1982 (José Comblin); *Morte das cristandades e nascimento da Igreja*. São Paulo: Paulinas, 1982 (Pablo Richard); *De la sociedad a la teologia: Liberación de la teologia*. São Paulo, 1983 (Juan Luis Segundo); *A ressurreição da verdadeira Igreja*. Loyola, 1986 (Jon Sobrino). Essas obras, entre outras, representam uma síntese de vários aspectos da TdL.

daí, que a Catequese da Paróquia Nossa Senhora de Fátima toma um novo rumo. E o Padre Bernardo Cansi, responsável nacional da catequese, acompanha-nos neste processo. Toda a equipe de coordenação compromete-se a transformar e revitalizar o programa e a formação catequética, mas sem que tenhamos consciência da polêmica que envolve a Teologia da Libertação. À medida que a catequese se integra com a Comunidade de Base e que esta assume a catequese permanente, um novo discurso catequético, uma nova consciência eclesial e uma nova prática sacramental surgem da fé dos pobres.

Inspirando-se nas Comunidades de Base para evangelizar pais e crianças, a equipe de catequese inicia os Grupos de Pais. No entanto, como são as mulheres que participam em grande maioria, esses grupos acabam sendo chamados Grupos de Mães. Na verdade, são as mulheres que, em 95%, estão assumindo a responsabilidade pela transmissão da imagem de Deus para seus filhos. Mais tarde, a Comunidade de Base irá criticar esses grupos sob o pretexto que não conseguem atrair e integrar os homens na evangelização. Este será mais um motivo para iniciar o processo de Catequese permanente na paróquia, mas novamente são as mulheres que tomam a frente. No seio da família, assim como nas Comunidades de Base, nas diversas organizações e movimentos, como não chegar à evidência de que são as mulheres que defendem a fé, lutando pela vida, envolvendo-se na política e unindo os pobres.[29] Sem dúvida, os movimentos, as Comunidades de Base, bem como os grupos de catequese são principalmente assumidos pelas mulheres. O que irá dizer Maria

---

[29] CELAM. *Conclusões da IV Conferência do Episcopado Latino-Americano*: Santo Domingo. São Paulo:Paulinas, 1992, n. 106.

Pilar Aquino, falando das mulheres: "Nem o presente, nem o futuro da Igreja e da sociedade podem realizar-se sem contar com as mulheres".[30]

Enquanto isso, certa tensão distancia cada vez mais a Teologia da Libertação de Roma. A suspeita das autoridades no que diz respeito à práxis dessa teologia, à crítica de sua gênese eclesiológica, ao questionamento de sua visão sociopolítica dos pobres reflete sua hesitação em reconhecer a sua relevância. No entanto, apesar das observações feitas a Gutiérrez em 1983, ou mesmo as interpelações do cardeal Ratzinger em 1984 e 1986, e do processo contra Leonardo Boff em 1993, apesar do questionamento da organização da Conferência Latino-Americana de Religiosos e Religiosas (CLAR), apesar da denúncia de alguns de seus escritos e publicações, a Teologia da Libertação aprofunda-se cada vez mais, define-se e ainda cruza as fronteiras.[31]

Ao recuperar essa história, tenho consciência agora de que a caminhada da Teologia da Libertação revela uma teologia cheia de vida, mesmo sendo um alvo de tensão ao mesmo tempo. Sua responsabilidade sócio-histórica, como Igreja dos Pobres e esperança dos pobres, revela a sua dimensão profética. Atravessando o tecido político-eclesial, ela contribuiu para formar uma cultura de libertação que será a herança da Teologia para toda a América Latina. Ela não foi transmitida por meio de escritos apenas, mas especialmente através da vida das Comunidades Eclesiais de Base que mudaram completamente o modo de viver da

---

[30] AQUINO, M. P. *A Teologia, a Igreja e a Mulher na América Latina*. São Paulo: Paulinas, 1997, p. 33. Estamos assistindo a uma transformação da percepção das mulheres e do seu papel na Igreja e na sociedade, a partir da sua inserção nas CEBs.

[31] LIBÂNIO, J. B. "A propósito dos casos Gutiérrez e Boff", em *Perspectiva teológica*, 19/40, 1984, p. 345-352; IRMÃS DA CARIDADE DE OTTAWA, *Crônicas do Brasil*, Arquivos da Casa Mãe, Ottawa, 184/1991.

Igreja na América Latina. Seu maior desafio, sem dúvida, foi reinterpretar a história da Igreja latino-americana, a fim de reorientá-la para os pobres. É a essa condição, segundo os teólogos da libertação, "que se abre uma chance de todo o cristianismo se pensar e construir a partir dos desprezados da terra".[32]

O maior mérito da consolidação da Teologia da Libertação é o de representar uma mudança de paradigma no pensamento teológico e a sua relevância não só para toda a América Latina, mas também para a Igreja universal.[33] Alguns teólogos reconhecem que "a Teologia da Libertação" é a única teologia possível para o Terceiro Mundo e até mesmo o único futuro possível da teologia".[34] Para Jürgen Moltmann, o fato de ser ouvido na Igreja o grito da massa dos pobres mostra que eles foram levados a sério.[35] De acordo com Roger Haight, a Teologia da Libertação fornece um contexto mais amplo para repensar a teologia a partir da análise social e da dimensão da solidariedade. Leva-nos a descobrir que a questão teológica, no momento atual, não é mais a de Deus, mas a de "não pessoa".[36] Referindo-se à influência da Teologia da Libertação sobre o surgimento do movimento Justiça e Fé no Canadá, Gregory Baum reconhece que "esta explosão de solidariedade não aconteceu sem ter abalado as bases e, até mesmo, ter dividido pessoas de boa vontade".[37]

---

[32] BOFF, L. *Do lugar do pobre*. Petrópolis: Vozes, 1976, p. 42. x
[33] CHOPP, R. *The Praxis of Suffering*. Orbis Book, 1986, p. 4.
[34] ELLIS, M. H.; MADURO, O. *The Future of Liberation*. New York: Orbis Books, 1989, p. 509.
[35] MOLTMANN, J. *Experiences in Theology*. Philadelphia: Fortress Press, 2000, p. 217-220.
[36] HAIGHT, R. *An Alternative Vision*. New York: Paulist Press, 1985, p. 31.
[37] BAUM, G. *Compassion et solidarité*. Montréal: Bellarmin, 1992, p. 30.

A opção pelos pobres

Alguns teólogos da nova teologia então se perguntam: "para que serve esta teologia baseada na fé, como práxis de libertação, se não contribuir para nos tornarmos mais solidários com as classes exploradas e nos inserirmos de maneira mais autêntica e eficaz na luta pela libertação?"[38] Em sua mensagem à Conferência Nacional dos Bispos do Brasil, o papa João Paulo II reconhece "que a Teologia da Libertação é não só oportuna, mas útil e necessária. Ela deve constituir uma nova etapa – em estreita conexão com as anteriores, com a tradição apostólica e a Boa-Nova anunciada pela primeira vez para os pobres".[39]

Nos passos da Conferência de Medellín, a Conferência de Puebla "volta a assumir, com renovada esperança na força vivificadora do Espírito, a posição da II Conferência Geral que fez uma clara e profética opção preferencial e solidária pelos pobres [...]. Afirmamos a necessidade de conversão de toda a Igreja para uma opção preferencial pelos pobres, no intuito de sua integral libertação".[40] Mas como essa opção pelos pobres, que é a razão de ser do Evangelho, a força inspiradora da Teologia da Libertação e o maior desafio lançado pela Igreja em Medellín e Puebla, pode causar tanta polêmica e desafios?

Em 1983, fui convidada para trabalhar na região de Tupi Paulista, na diocese de Marília, no interior do Estado de São Paulo. Ao sair daqui, da minha paróquia, tenho a sensação de cortar o fio ainda muito frágil que me liga à opção

---

[38] GUTIÉRREZ, G. "Évangile *et praxis de libération*", em E. DUSSEL et al., *Les luttes de la libération bousculent la théologie*. Paris: Cerf, 1975, p. 37.
[39] LIBÂNIO, J. B. "A propósito dos casos Gutiérrez e Boff", *op. cit.*, p. 18; JOÃO PAULO II. *Mensagem aos bispos do Brasil*. São Paulo: Paulinas, 1986, p. 12.
[40] CELAM. *Puebla,* op. cit., n. 1134.

pelos pobres, na periferia de São Paulo. Qual não foi minha surpresa de encontrar-me em terra conhecida! Na verdade, a Teologia da Libertação e a opção pelos pobres não conhecem fronteiras! Estou imediatamente inserida como "vigária" na paróquia de Nova Guataporanga, pequena comunidade de dois mil habitantes, sem pároco residente. Logo descobri a existência de uma comunidade em que os agentes de pastoral assumiram a organização e a evangelização. Primeiro, percebo que eles estão se perguntando se eu não vim para tomar o lugar deles, mas logo percebem que são eles que têm tudo para me ensinar.

Duas experiências aqui vão marcar-me profundamente. Em primeiro lugar, eu não só trabalho na pastoral paroquial junto ao povo, mas, durante o fim de semana, estou morando em suas casas. Esta prática de inserção e inculturação em zonas rurais vale por muitos cursos na Faculdade. Por exemplo, logo percebi o quanto o campo sociopolítico entrelaça-se com a pastoral para forçar-nos a levar em conta esta dimensão em nosso compromisso. Assim, independentemente do partido político no poder, a comunidade está dividida em dois campos; portanto, somos constantemente confrontados com a questão "fé e política". A fim de defender-se de qualquer interferência política, algumas equipes pastorais tendem a recrutar membros de uma mesma família para assumir as diferentes responsabilidades. Um verdadeiro pequeno núcleo familiar (*Family compact*)[41] pastoral se instala, então! Depois de refletir sobre o assunto, entendi até que ponto é importante para não sermos influenciados por um determinado partido no exercício do nosso ministério. Esta posição seria em detrimento do testemunho muito

---

[41] Nome dado no início do século XIX, no Canadá, que recrutava as pessoas da sua família para governar.

mais forte do que toda a comunidade possa oferecer fazendo parte do ministério. Embora seja um benefício poder contar com a família para cumprir a sua missão, é indispensável, porém, poder contar com a Comunidade de Base para ser confirmado em seu ministério. Foi assim que, em um dia que a pastoral do batismo havia sido reformulada, descobri, para minha surpresa, que o ministro desse sacramento era analfabeto. No entanto, tendo todo o apoio da comunidade que se compromete com ele nessa pastoral, eu percebo o poder da solidariedade dos pobres evangelizando os pobres. Antes mesmo de pensar que deveria ser diferente, eu me curvo diante de tal sabedoria ao descobrir, mais uma vez, a importância de nos deixar evangelizar pelos pobres.

Com o passar do tempo, passei a participar da Pastoral da Terra (CPT), que caminha com os sem-terra, da qual fazem parte algumas famílias da paróquia. Há mais de dois anos, o grupo está preparando-se para uma ocupação das terras não utilizadas em Andradina, SP. Toda a região pastoral segue passo a passo este projeto a caminho da "terra prometida". Após a ocupação da terra, acompanha de perto as famílias, oferecendo-lhes ajuda e apoio. O povo das Comunidades de Base e os agentes de pastoral compartilham os frutos de sua colheita e marcam presença na Caminhada da Pastoral da Terra para comemorar esta vitória com eles.[42] Mais uma vez, a Teologia da Libertação não só inspira a reflexão e a oração pelos sem-terra, mas está presente na vida dos pobres que lutam pela sua reintegração à Mãe Terra. Seguindo seus passos, aprendemos a fazer o mesmo: seguimos mais de perto as trilhas dos sem-terra e partilhamos os conflitos que atingem os pobres em sua dignidade, na certeza de que

---

[42] IRMÃS DA CARIDADE DE OTTAWA. *Crônicas do Brasil*. Arquivos da Casa Mãe. Ottawa, 161/27 de julho de 1986.

eles também têm o direito de viver da Mãe Terra. Foi assim que, no final dos anos 80, aproveitando o fim da Ditadura, a "Igreja dos Pobres" tornou-se mais do que nunca um espaço privilegiado para a articulação dos movimentos sociais e suas reivindicações em todo o Brasil.[43] Nessas alturas, começou a ficar mais claro até que ponto a opção preferencial pelos pobres representa um verdadeiro desafio para o poder da sociedade e a opressão de suas estruturas.

Em 1987, de volta à paróquia de Nossa Senhora de Fátima, em Guarulhos, a Teologia da Libertação está mais enraizada do que nunca nas Comunidades de Base e também nas organizações sociais e pastorais. O exemplo da Cáritas Diocesana que, opondo-se à construção do aeroporto internacional de Guarulhos (1979-85),[44] convida toda a comunidade a solidarizar-se com as centenas de pobres das favelas que devem ser removidos para não fazer sombra àqueles que irão sobrevoar o território. Nas Comunidades de Base, muitos grupos de alfabetização surgem, inspirando-se no método da *Pedagogia do Oprimido*, de Paulo Freire, promovendo os mais pobres e excluídos num processo de conscientização que os liberta da opressão. Em todo o Brasil, em 1984, o movimento Fé e Ordem Política organiza a Campanha das DIRETAS JÁ,[45] a fim de promover as mudanças necessárias através de uma reorganização dos partidos políticos e convocação de uma Constituinte para elaborar uma nova Constituição.

Com a Conferência Episcopal de Puebla, em 1979, insistindo sobre o papel fundamental das mulheres e a sua

---

[43] FERNANDES, F. C. (org.). *A pastoral entre Puebla e Santo Domingo, Tensões e mudanças na década de '80*. Petrópolis: Vozes, 1997, p. 31-33.

[44] IRMÃS DA CARIDADE DE OTTAWA. *Crônicas do Brasil*. Arquivos da Casa Mãe. Ottawa, 184/22-28 de outubro de 1979.

[45] Organização popular visando incentivar o povo a uma participação mais responsável e democrática na política, especialmente em época de eleições, sendo o voto obrigatório no Brasil.

contribuição específica, como mãe protetora da vida e educadora do lar, temos a sensação de um recuo em relação às mulheres nas Comunidades de Base.[46] Porém, eis que ocorre uma verdadeira reviravolta com a implantação da Pastoral da Criança, com o objetivo de salvar a vida de milhares de mães e filhos, através da conscientização, do acompanhamento e projetos de alimentação alternativa.[47] Por sua vez, os movimentos das mulheres, designados como Clubes de Mães, crescem à sombra das Comunidades de Base. Durante a semana, os centros comunitários se transformam em creches e escolinhas. Catequistas e agentes de pastoral passam a ser monitoras e educadoras. No meio das lutas da comunidade, as mulheres refletem o Evangelho a partir da opressão em que vivem, tomam a palavra e, pouco a pouco, colocam a força do seu poder a serviço da conquista de melhores condições de vida e infraestruturas mais adequadas. Elas se organizam para exigir igualdade de remuneração e melhor condição de vida e creches para os filhos. Em 1992, por ocasião do 7º Encontro Intereclesial das Comunidades de Base, em Santa Maria, RS, as mulheres ficam mais ousadas e exigem que sejam reconhecidas na Igreja em pé de igualdade com os homens. Elas reclamam o direito de participar, em todos os níveis de decisão e poder.[48] Se, até agora, as mulheres foram reconhecidas na Igreja por causa de sua função reprodutiva, elas agora se posicionam de maneira diferente.

Com a queda do Muro de Berlim, em 1989, vê-se a globalização das políticas neoliberais. A inserção do Brasil na economia globalizada e sua submissão aos acordos do FMI e do

---

[46] CELAM. *Puebla, op. cit.*, n. 846.
[47] IRMÃS DA CARIDADE DE OTTAWA. *Crônicas do Brasil*. Arquivos da Casa Mãe. Ottawa, 184/03 de agosto de 1987.
[48] TEIXEIRA, F. *Os Encontros Intereclesiais de CEBs no Brasil*. São Paulo: Paulinas, 1996, p. 203.

comércio livre pioram a situação de exclusão social. Há um aumento descontrolado da dívida externa e da corrupção política, da deterioração dos serviços públicos, da destruição do meio ambiente e um aumento da violência e do crime. A Teologia da Libertação está cada vez mais relevante no esforço para apoiar e inspirar projetos contra a exclusão dos pobres. Em nossas paróquias estão organizando-se as Semanas Sociais, a Caminhada dos Sem-teto, a Campanha contra a Fome, o Grito dos Excluídos, o Plebiscito contra a Dívida Externa e o debate em torno da Ética na Política. Portanto, não é surpreendente ver as Comunidades de Base tomarem a iniciativa de organizações sociopolíticas, tais como a Associação para Habitação, o Movimento dos Sem-terra e Sem-teto e dos Direitos Humanos ou, até mesmo, empenhar-se ativamente em movimentos políticos, participar de manifestações em favor da renúncia do Presidente da República ou militando em organismos não governamentais, nos sindicatos ou nos movimentos de organizações populares.[49]

Foi mais tarde, depois de muitos anos no Brasil, que eu comecei a entender realmente a importância da opção preferencial pelos pobres. Também, foi depois de ter convivido com eles e compartilhado suas lutas e sua paixão pela vida. Mesmo assim, tinha ainda a impressão de que a opção pelos pobres era uma opção teológica dos teólogos e agentes de Pastoral. Faltava saber como é mesmo que os pobres viam a questão. Na ocasião do Simpósio sobre o Cristianismo na América Latina e no Caribe, reunindo teólogos e teólogas, representantes de vários países e denominações, ouvi uma mulher gritar com força: "Vocês vão parar de falar dos

---

[49] Vários documentos da CNBB são um apoio na articulação desse processo: *Por uma Nova Ordem Constitucional* (desde 1986); *Igreja de Comunhão e Missão na Evangelização* no Mundo do Trabalho e da Cultura (1988) e *Exigências Éticas da Ordem Democrática* (1989).

pobres! Vocês sabem o que é ser pobre? Nós lutamos todos os dias e a vida toda para sair dessa!".[50] Nesse dia, ficou claro que a opção pelos pobres devia ser revista e ressituada, levando em conta o testemunho dessa mulher. Será que realmente sabemos o que é ser pobre, ser mulher pobre? Será que a nossa experiência ou a nossa inexperiência não deve questionar a nossa maneira de falar sobre a opção pelos pobres como também a nossa prática? A opção pelos pobres é mais que trabalhar com os pobres. Supõe passar da opção à indignação diante da ofensa feita aos oprimidos, denunciar a injustiça e lutar juntos "para sair dessa!".

Desta vez, são os jovens que me ajudaram a compreender que o maior desafio da opção pelos pobres se dá na vida cotidiana, em que se manifestam os impasses da libertação. Eis o caso da jovem Marisa, que deve sair da catequese da Crisma porque ficou grávida sem ser casada. Diante do caso, a equipe de coordenação procede como sempre fez e decidiu que Marisa poderá voltar quando ela reafirmar seu compromisso de viver os valores cristãos. Mas alguns colegas questionam o fato de o pai da criança continuar sua caminhada como se nada tivesse acontecido. Que ocasião mais oportuna para reconhecer a nossa discriminação e injustiça cometida contra a jovem mulher! Não deveríamos repensar nossos critérios para a catequese da Crisma? Entendemos que o respeito pela vida e a consequente responsabilidade que tem demonstrado Marisa são também valores importantes do compromisso cristão. Em seguida, tomamos consciência da necessidade, não somente de preparar mais um sacramento, lutar contra a injustiça na catequese e na Igreja, mas também de salvar a vida como tem feito Marisa e se responsabilizar por ela.

---

[50] Momento em que fomos alertados para o que é mais fundamental na Teologia da Libertação através da voz da mulher pobre.

Assim, enquanto a Teologia da Libertação nasce da compaixão pelos que sofrem e do acompanhamento libertador, a opção preferencial pelos pobres torna-se sua razão de ser. São os pobres os primeiros profetas no coração dessa opção. E nos acenam para a situação desumana em que se encontram. Questionam o nosso *status quo* como Igreja e nos obrigam a rever os nossos direitos e nossas leis. Desta forma, demonstram o potencial evangelizador de que eles são mesmo portadores. O direito de existir, para o pobre, dá-lhe o direito de pensar sua fé e sua experiência libertadora. Em sua análise, Clodóvis Boff descreve os laços que unem os protagonistas desta teologia:

> A Teologia da Libertação é como uma árvore. Se olharmos para os teólogos, eles são os ramos. Os agentes de pastoral formam o tronco. Eles mesmos constroem pontes entre os teólogos da libertação e as Comunidades de Base formadas por milhares de pobres que são as raízes fixadas no solo para manter a árvore, o tronco e os ramos bem unificados. Em todas as partes, circula a mesma seiva da fé – opressão – libertação capaz de transformar a história ou parte da história refletida à luz da fé.[51]

Percebe-se então que, independentemente da forma em que se apresenta a Teologia da Libertação, os teólogos, os agentes de pastoral, as comunidades, os pobres estão unidos pela mesma força de resistência e cúmplices na libertação da opressão.

Ao longo de todo este percurso, vimos que os espaços de ruptura e continuidade permitem que a Teologia da Libertação possa encontrar o seu significado a partir dos

---

[51] SOBRINO, J. e ELLACURIA, L. (dir.). *Systematic Theology: Perspective from Liberation Theology*. New York: Orbis Books, 1993, p. 8.

oprimidos. Mas já em 1990, ao mesmo tempo em que a Igreja se sente cada vez mais ameaçada pela globalização, coloca-se a questão: será que a Teologia da Libertação tem ainda sua relevância? Analisando este período, frei Betto indica algumas balizas para o futuro da Teologia da Libertação seguir em frente:

1. Trabalhar o tema das mediações dos movimentos populares, sindicais e políticos como condição de novos caminhos para a transformação social.
2. Encarrar com seriedade o trabalho pastoral junto a setores de classe média e a intelectuais, artistas, cientistas, formadores de opinião pública.
3. Que, na questão ecológica, sejam incluidas as milhares de pessoas com suas vidas ameaçadas pela fome no Terceiro Mundo.
4. A ênfase dada à moral social deve ser estendida à moral pessoal, à moral sexual.
5. Não ficar prisioneiro dos conceitos de classes sociais: realidades, como mulheres, crianças, negros, indígenas exigem enfoques diferentes.
6. Abrir-se a novos pressupostos e horizontes da reflexão teológica configurando uma nova epistemologia.
7. Resgatar a esperança dos pobres, reavaliar a educação popular junto aos empobrecidos.
8. Prosseguir com a vitalidade da participação comunitária dos pobres na vida eclesial, reatualizando a teologia dos ministérios.[52]

---
[52] BETTO, F. "A Teologia da Libertação ruiu com o Muro de Berlim?", em *Revista Eclesiástica Brasileira*, 50/200, 1990, p. 928-929.

Seguindo em frente na missão, eu me pergunto: Como reconstruir a esperança dos pobres hoje? Como conquistar espaço para os marginalizados ainda não integrados através de nossa solidariedade? Desde já, vejo novos horizontes emergirem para uma libertação mais inclusiva tão emocionante e decisiva para a Igreja dos Pobres, como também para toda a Igreja.

Capítulo 2

A TEOLOGIA FEMINISTA NA AMÉRICA LATINA E A OPÇÃO PELA MULHER POBRE

> *Minha fala é a partir delas e com elas. Uma fala marcada pelos limites de meus olhos – até onde conseguem ver e de onde veem, pelo limite dos meus pés – por onde andaram, pelo limite da minha cor e situação, pelo limite da minha interpretação, isto é, a maneira do evento novo, "do acordar da consciência histórica das mulheres" do continente da América Latina* [1] (Ivone GEBARA)

Enquanto a Teologia da Libertação está em plena expansão na América Latina, nos anos 1960-1990, podemos ver

---

[1] GEBARA, I. *Levanta-te e anda*. São Paulo: Paulinas, 1989, p. 6. Identificação das primícias da Teologia Feminista Latino-Americana.

uma grande mobilização das mulheres.[2] Na luta contra a pobreza cada vez mais crescente e diante de regimes militares sob o controle da Segurança Nacional, como já vimos, elas se engajam nos movimentos populares. Na Igreja dos Pobres, são principalmente as mulheres que trabalham na evangelização, na formação das Comunidades de Base que assumem a opção preferencial pelos pobres. Elas estão, portanto, assumindo parte do discurso da Teologia da Libertação Latino-Americana.

Uma Igreja, diferentes cenários

Em 1992, fui convidada para trabalhar na diocese de Mogi das Cruzes, SP, especificamente nas paróquias Nossa Senhora Aparecida e Nossa Senhora da Paz, em Ferraz de Vasconcelos, na periferia da Grande São Paulo. Logo percebo que o cenário da Igreja daqui é diferente: essas duas paróquias se definem mais como uma Igreja "com" Comunidades de Base do que uma Igreja "de" Comunidades de Base.

Na medida em que percebemos que as comunidades cristãs são diversas, notamos também que essas diferenças são a riqueza do conjunto. A Igreja de Ferraz de Vasconcelos, neste sentido, reflete, de alguma forma, a virada que acontece nas Comunidades de Base na década de 1990. Em sua análise da situação da Igreja dos Pobres, Libânio explica o que acontece:

---

[2] ROSADO NUÑES, M. J. "A voz das mulheres na teologia latino-americana", *Concilium*, n. 263, 1996, p. 9.

A estrutura é o *iceberg*. A conjuntura é sua ponta que se inclina, ora para um lado, ora para o outro. O iceberg permanece o mesmo. Mas tem um jogo de deslocamento [...]. Assim os diferentes cenários da Igreja. Este tipo de análise permite perceber os movimentos do momento e organizar-se em função dele.[3]

O autor identifica quatro cenários para descrever a presente realidade eclesial do Brasil: 1. Igreja como instituição; 2. Igreja carismática; 3. pregação da Igreja; 4. Igreja da práxis libertadora. Dependendo das opções e orientações das igrejas ou dioceses locais, um ou outro cenário permanece. Os dois primeiros parecem predominar nas comunidades mais tradicionalistas e centralizadoras. Os dois últimos aparecem mais proféticos e, assim, oferecem desafios maiores. As observações de Libânio são mais fáceis de entender na prática, no terreno junto às comunidades onde se entrelaçam esses diferentes cenários da Igreja.

As paróquias Nossa Senhora Aparecida e Nossa Senhora da Paz, em Ferraz de Vasconcelos, têm mais de vinte e oito Comunidades de Base com cenários diferentes. A Comunidade Santa Cruz da Vila Margarida, de tendência carismática, define-se como comunidade de evangelização de massa que expressa a sua fé com muita devoção e emoção. A Comunidade Santa Rita de Cássia do Jardim Castelo, por sua vez, luta ao lado dos pobres e alimenta a sua fé no processo de libertação. As Comunidades de Base mais recentes, que surgem a partir de evangelização e da missão popular, reúnem-se em torno da palavra de Deus. Multiplicam-se os cursos bíblicos, os momentos de espiritualidade e os movimentos de leigos favorecem o aprofundamento e a integração da fé do povo. As Comunidades do centro das Igrejas

---
[3] LIBÂNIO, J.B. *Cenários da Igreja*. São Paulo: Loyola, 1999, p. 11.

Matrizes de Nossa Senhora Aparecida e Nossa Senhora da Paz se caracterizam como instituições. Estas cobram muito a presença do padre e são mais centralizadoras.

A partir das orientações pastorais do Novo Milênio, as quatro dimensões da evangelização: Serviço – Diálogo – Anúncio – Testemunho de Comunhão, contribuem para estabelecer certo equilíbrio das forças da evangelização dentro dos diferentes cenários da Igreja.[4] No entanto, apesar de um esforço de colegialidade e de sinodalidade a fim de reforçar as Igrejas locais e as comunidades, uma forte tendência para o autoritarismo e o centralismo pastoral é acentuada no nível das estruturas internas da Igreja. Este movimento retarda uma sintonização das exigências da evangelização. Segundo Clodóvis Boff, dois projetos de Igreja em tensão são emergentes neste fim de milênio: um primeiro, mais "centralizador e autoritário", mas ao mesmo tempo paternalista e defensor dos pobres; o segundo, "de participação", cujo eixo é a própria Comunidade que, sob a responsabilidade e a direção dos bispos, é entregue às paróquias e, muitas vezes, encontra-se mais dependente dos movimentos e da pastoral de massa.[5]

No entanto, vemos agora o movimento carismático crescer cada vez mais em nosso meio que, para muitos, representa uma forma de tornar a Igreja-Instituição mais humana e espiritual. Ao nosso redor, a chegada das Igrejas Pentecostais leva as comunidades a repensar os ministérios para tirá-los de seu caráter autoritário e centralizador. Temos que admitir que não somos mais os únicos a atingir os pobres.

---

[4] CNBB. *Diretrizes Gerais da Ação Evangelizadora da Igreja no Brasil* (1999-2002). São Paulo: Paulinas, 1999, doc. 61, p. 112-113; *Projeto "Ser Igreja no Novo Milênio" explicado às Comunidades*. São Paulo: Paulinas, 2000, p. 48.

[5] BOFF, C. "Uma análise de conjuntura da Igreja Católica no final do milênio", *Revista Eclesiástica Brasileira*, 56/221, 1996, p. 129-145.

Queremos aproveitar a Missão Popular de 1997 para repensar a evangelização e nos voltarmos para os mais pobres da periferia. No entanto, sou convidada, pela primeira vez, a iniciar uma Comunidade de Base, aquela mesma na periferia do Jardim Cristina. O que mais me impressiona nesse bairro é a condição precária das pessoas que ocupam todas as encostas mais perigosas, de solo arenoso. Ali, um grande número de famílias reivindica a catequese para as crianças e os jovens. Mas a concorrência é grande! Uma Igreja Pentecostal e uma Igreja Batista já dividem o espaço. Decidimos, então, inserir a catequese no projeto mais amplo de evangelização de toda a comunidade. Portanto, a cada semana, nós nos encontramos na casa de Dona Maria, onde oramos e partilhamos o Evangelho. No tempo da Quaresma, acompanhamos a Campanha da Fraternidade sob o tema: *Cristo liberta de todas as prisões* (1998). Crianças e jovens começam os encontros da catequese, seja debaixo de uma árvore ou na casa de uma ou de outra família. Com o passar do tempo, multiplicam-se os encontros devido às necessidades cada vez mais gritantes: ora, é a casa que desabou sobre as encostas vizinhas; ora, é uma família inteira que não tem o que comer, até jovens envolvidos com drogas e casais de idosos abandonados precisando urgentemente de socorro. No domingo, enquanto a participação do grupo aumenta, nós nos encontramos em uma garagem que o coordenador da comunidade coloca à nossa disposição. Pouco a pouco, a Comunidade de Base começa a tomar corpo! Durante a sua visita pastoral, Dom Paulo, bispo da nossa diocese, compra o terreno ao lado do espaço, cedido pela prefeitura, para a construção do nosso salão comunitário. Ali nos encontramos aos domingos para a Celebração da Palavra de Deus ou a missa uma vez por mês, em torno de um altar improvisado sob o sol ardente ou mesmo sob a ameaça de uma tempestade. Vai demorar um bom tempo para construir o salão comunitário da Comunidade Santa Cristina, contando com a paciência do povo e a generosidade das outras Comunidades de Base.

Concluímos que o contraste pode ser grande entre as diversas Comunidades de Base nas paróquias. Porém, cada uma delas é parte do caminho para a evangelização e pode tornar-se fonte de libertação para os pobres.

O processo de opção pela mulher pobre

Apesar da influência sempre crescente das mulheres na missão e qualquer que seja o cenário escolhido, constatamos que o número das mulheres pobres e vítimas de violência está aumentando. Em nosso trabalho com elas, começamos a descobrir até que ponto somos cúmplices de sua exclusão social.

Ao contrário do que se espera, os espaços de libertação, propostos desde os anos de 1970, revelam-se, muitas vezes, focos de reprodução de injustiça nas relações entre homens e mulheres e até lugares privilegiados de dominação. Nem as Igrejas, nem os teólogos denunciam a violência feita às mulheres. É por isso que, no final dos anos de 1980, apesar do medo de trair a Teologia da Libertação, mulheres e teólogas começam a reagir. Elas se atrevem a falar "da opção pela mulher pobre como uma opção pelo pobre".[6]

---

[6] GEBARA, I. "A opção pelo pobre como opção pela mulher pobre", in *Concilium*, p. 123. A autora descreve como essa opção se despertou a partir da tomada de consciência da ação histórica das mulheres trazendo ao mesmo tempo uma revolução cultural e teológica.

Somente dez anos mais tarde, eu descobriria essa "opção pela mulher pobre" na América Latina. Em 1997, enquanto acolhemos de volta ao Brasil a teóloga Ivone Gebara, rompendo com o silêncio imposto por Roma, nova luz se faz sobre um capítulo inédito da Libertação.[7] Há de se perguntar o que a "opção pela mulher pobre" acrescenta à Teologia da Libertação. Em que consiste esse desafio do não ser, do não poder, do não saber e do não valer das mulheres da América Latina de que fala Gebara? Como entender o surgimento da Teologia Feminista Latino-Americana por trás dessa opção? Como é que nos atrevemos a questionar, como mulheres, o projeto de libertação que constitui a Igreja dos Pobres até agora?

"Eu vivo em mim mesma essas formas de exclusão ou essa maneira de olhar as mulheres que podemos usar e depois abandonar",[8] diz Ivone Gebara, falando da sua experiência de exclusão. Durante o seu exílio, quando é confrontada com a fenomenologia do mal no feminino em seu próprio país e no momento em que percorre conventos, mosteiros e grupos de mulheres em outras terras, decide lutar pela dignidade das mulheres e pelo surgimento de outras formas de relações dentro das instituições sociais e religiosas. É por isso que, segundo ela, retornou ao Brasil mais feminista do que nunca!

Este encontro com Ivone Gebara abre nossos olhos sobre a causa da mulher pobre, e descobrimos até que ponto esta causa é nossa. Se, por um lado, continuamos a sentir fortemente o elo que nos liga à Teologia da Libertação, por outro, vemos que "a irrupção do pobre ainda não integrou

---

[7] GEBARA, I. *Les eaux de mon puits. Réflexions sur des expériences de liberté.* Belgique: Éditions Mols, 2003, p. 207-209; DAVIAU P. *Pour libérer la théologie.*, op. cit., p. 2-3.
[8] *Ibid.*, p. 195.

realmente no seu bojo a irrupção da mulher".[9] Cada vez mais, nas relações sociais, as questões de gênero e de raça são condicionadas pelas relações de classe e as mulheres acabam engajando-se em lutas que não são especificamente delas. Além disso, mesmo dentro da reflexão teológica das Comunidades de Base e dos Movimentos de Igreja, no concreto, "as mulheres não ousam criticar a partir de seu próprio ponto de vista para não perder o espaço conquistado".[10]

Neste contexto, dá para entender o interesse suscitado pelos primeiros escritos de Ivone Gebara revelando a construção do significado de "opção pela mulher pobre". Lentamente, passou pelo compromisso das mulheres na Igreja na América Latina, a partir da opção pelos pobres, dentro de uma construção de significados do universo masculino, em vista da libertação dos pobres. Somente mais tarde, tomamos consciência da emergência "da opção pela mulher pobre", como opção pelos pobres. Exige-se a desconstrução das estruturas patriarcais, questionando uma espécie de destino da mulher e do poder do homem sobre o mundo da família, bem como a tomada de consciência da presença e da experiência de Deus de um outro "jeito" na vida das mulheres.[11] No entanto, fazer opção pela mulher pobre na América Latina leva-nos a "reconhecer nossas próprias raízes",[12] diz Gebara.

Dando uma volta na história, dá para entender a necessidade de nos deixarmos interpelar pela mulher indígena, marcada pela opressão desde a colonização. Também, como não

---
[9] ROSADO NUÑES, M. J. *A voz das mulheres na teologia latino-americana*, op. cit., p. 14.
[10] Ibid., p. 13.
[11] GEBARA, I. "A opção pelo pobre como opção pela mulher pobre", *op. cit.*, p. 129; Idem, "A mulher faz teologia: Um ensaio para reflexão", *Revista Eclesiástica Brasileira*, 46/18, 1986, p. 8; GEBARA, I. e BINGEMER, M. C. L. *Maria, Mãe de Deus e Mãe dos pobres*. Petrópolis: Vozes, 1988, p. 42.
[12] Ibid., p. 125.

nos colocar no lugar da mulher negra, marginalizada até hoje pelo preconceito racial? E mais, sentimo-nos interpeladas pelo dia a dia de todas as mulheres, onde encontramos mais evidências de que a exclusão dos pobres é ligada à destruição de suas terras e à opressão das mulheres. Eis o sentido em que se aprofunda o nosso diálogo com Ivone Gebara em relação à opção pela mulher pobre entre os pobres: na força coletiva das mulheres, como fermento na massa, aqui estamos para construir esse novo futuro de justiça e de amor.[13]

No entanto, os anos 90 marcam a entrada da "opção pela mulher pobre entre os pobres" em minha reflexão teológica em articulação com a opção pelos pobres. Os pobres, entre eles as mulheres pobres, estão questionando-me cada vez mais. A descoberta de sua situação de opressão na vida de todos os dias e a injustiça social sempre crescendo, das quais elas são vítimas, bem como o papel da religião e da pastoral nesta exclusão, incentiva-me a situar-me diferentemente.

Um erro que faz refletir

Por ocasião de uma Assembleia Diocesana, o nosso bispo, dom Paulo, felicita as nossas paróquias de Ferraz de Vasconcelos pela história escrita pelas vinte e oito Comunidades de Base e a ação de mais de trezentos e cinquenta missionários da Missão Popular. Os padres da paróquia são elogiados, mas nada de mencionar o trabalho dos agentes de pastoral. "Que injustiça!", exclama uma companheira. "Por que não dizer quem são os verdadeiros autores e sujeitos disso tudo? "Para minha surpresa, percebo que

---

[13] *Ibid.*, p. 123.

nem me dei conta da lacuna. Porém, tomo consciência de que é assim que nós, as mulheres, nos tornamos cúmplices da exclusão dos pobres.[14]

Na comunidade, voltamos ao assunto. Durante um exercício de avaliação,[15] os agentes da pastoral são convidados a fazer as conexões entre essa situação pela qual passamos na Assembleia Diocesana e os diferentes perfis da missão evangelizadora. A maioria dos participantes se identifica com o "perfil de mudança". A entrada de cada pessoa na história das Comunidades de Base mudou nossa visão. O fato de se envolver na Comunidade de Base a serviço da evangelização muda nossas vidas e transforma a comunidade como fermento na massa. As mulheres, especialmente, reconhecem que conseguiram transformar algumas imagens falsas que tinham delas mesmas, reivindicar novos espaços e tomar a palavra como nunca tinham feito antes. Através das Comunidades de Base, aprenderam a reconhecer os seus direitos e deixar de se comportar como povo oprimido. Para os(as) agentes de pastoral, conscientes de seu papel como autores da história e sujeitos da missão, torna-se mais clara a contradição em que se envolveu a própria paróquia. Já que participaram do processo da mudança e da tranformação da comunidade, têm o dever de fazer valer os seus direitos como autores da sua história, como também de serem reconhecidos como os protagonistas da Missão Popular na paróquia.

Ao mesmo tempo, vemos que nem todos andam no mesmo ritmo: alguns agentes têm um "perfil de assimilação". Outros reconhecem que fazem parte da comunidade simplesmente

---

[14] IRMÃS DA CARIDADE DE OTTAWA. *Crônicas do Brasil*. Arquivos da Casa Mãe. Ottawa, 216/17-19 de outubro, 1998.

[15] Exercício de conscientização inspirado de L. BARONI (org.), em *Voix de femmes, voies de passage*. Montréal: Paulines, 1995, p. 115-125.

para ajudar o pároco, o coordenador, a coordenadora, ou para garantir o *status quo* de um movimento ou serviço de Igreja. Por conseguinte, o dom de si mesmo, que seja através do serviço ou qualquer contribuição feita na dependência e desigualdade, acentua o sentimento de inferioridade e invisibilidade. Justificam-se as diferenças entre o não poder na Igreja e a dominação do sagrado e, assim, reforça-se o colonialismo ainda muito presente. Além disso, tomamos consciência de que essas injustiças acentuam as relações de submissão e exploração entre sacerdote – homem – mulher. Um breve retorno à história de nossas comunidades permite descobrir que os homens e as mulheres que fundaram as Comunidades de Base o fizeram a partir da opção pelos pobres ou do Evangelho como uma nova maneira de ser "Igreja dos Pobres", de ser Igreja de "Comunhão e Participação". É por isso que todos nós somos responsáveis hoje pela construção de relações mais solidárias, mais justas e mais iguais entre todos. Toda injustiça institucionalizada é uma infidelidade ao projeto original da Comunidade de Base.

Por sua vez, os agentes de pastoral que se identificam com o "perfil de transformação" dizem que estão indignados com essa injustiça e exigem uma nova prática pastoral. Eles querem romper com a estrutura assimétrica da paróquia, transformar as relações e os ministérios e desclericalizar a pastoral! Mais uma vez, são as mulheres que nos ajudam a enxergar melhor a situação. Levam-nos a perceber que, apesar daqueles que pensam ter o poder porque dão as ordens, há um outro tipo de poder, sobretudo, aquele que dá a capacidade de viver, de apelar às suas energias para sobreviver. É o poder de continuar a existir, lutando, apesar de tudo, para dar vida. Na profunda solidariedade está uma forma diferente de poder, capaz de transformação pessoal e social para criar relações de igualdade, isto é, relações que têm a força para desafiar e superar a exclusão das próprias estruturas e das relações patriarcais da Igreja. A questão da "mudança" na Igreja não é apenas uma questão de abertura ou de espaço, é necessário transformar a assimilação do não poder para construir um futuro de justiça e libertação mais inclusiva, enfim, fazer acontecer a transformação.

Após essa reflexão, decidimos ocupar a página central do jornal da paróquia: *Voz das Comunidades* para divulgar a história das vinte e oito comunidades, seus autores, nossos agentes e colaboradores pastorais. Os missionários, por sua vez, prosseguem com a criação de um curso de treinamento missionário dentro do programa da Escola de Ministérios. As mulheres optam para continuar o debate do não poder das mulheres. Elas propõem para o jornal da paróquia a criação de uma nova crônica chamada: *De Mulheres para Mulheres,* visando o despertar da consciência das mulheres. A opção pela mulher pobre começa a ser levada a sério. Pouco a pouco, elas descobrem o seu direito de falar e, de diálogo em diálogo, abre-se o caminho de uma libertação mais inclusiva em suas vidas e para toda a comunidade.

No coração da Comunidade de Base, a Pastoral Social é cada vez mais parte integrante da evangelização. Os grupos, formados por mulheres, em sua maioria, reúnem-se para refletir sobre as questões de poder e defender os seus direitos sociais, e isso como parte integrante de uma releitura da Bíblia. Ali, elas encontram força na sua fé e coragem para assumir as suas lutas de libertação. É o não ter, o não poder, o não saber, o não valer das mulheres injustiçadas de quem fala Gebara, fazendo parte, não somente do grande desafio de justiça social, mas também da utopia de se repensar a fé "a partir da própria situação e consciência das mulheres pobres, excluídas e exploradas".[16]

O desafio da descentralização

No momento da minha chegada a Ferraz de Vasconcelos, os encontros de formação da catequese das duas paróquias são centralizados. Numerosas catequistas chegam de todos os lugares. Para os agentes de pastoral, quanto maior o número de pessoas participando, mais importante se torna o evento! Com isso, não se percebe a questão da centralização do poder e das situações de opressão que daí decorrem. Como a maioria dos participantes são mulheres, as crianças seguem atrás, independentemente de sua condição. Uma delas, por exemplo, vem a pé e de muito longe, acompanhada de sua filha deficiente e cadeirante. Por isso, propomos a descentralização da formação, de modo a facilitar não somente o acesso das mulheres, mas também despertar a responsabilidade de todos na evangelização. Vão demorar seis anos para finalizar o processo de descentralização da catequese nas duas paróquias de Ferraz. E isso depois de passar por um questionamento do poder religioso e da cumplicidade das mulheres no exercício autoritário e repressivo desse poder. Com o decorrer do tempo, vimos florescer em todos os setores das Comunidades de Base equipes de catequese capazes de assumir a evangelização, mesmo contra o vento centralizador das nossas Igrejas Matrizes.[17]

---

[16] GEBARA, I. *Le mal au féminin: Réfllexions théologiques à partir du féminisme*. France: L'Harmattan, 1999, p. 40-70; AQUINO, M. P. *A teologia, a Igreja e a mulher na América Latina*, op. cit., p. 9.

[17] IRMÃS DA CARIDADE DE OTTAWA. *Crônicas do Brasil*. Arquivos da Casa Mãe. Ottawa, 216/06 de novembro, 1993.

O poder no feminino

Em seu livro *Poder e não poder das Mulheres*,[18] Ivone Gebara define o poder rompendo com os padrões culturais e patriarcais, sobretudo a partir do mundo dos pobres. Assim, recupera-se a memória de quem assume desde sempre a responsabilidade de construir uma terra e uma humanidade diferente. Acompanhar Gebara nos dá coragem e ânimo para fazer o mesmo em nosso meio. Com a descentralização da catequese em Ferraz, as mulheres descobrem que o poder pode ser exercido como uma força de vida, como uma busca de maior partilha e uma forma diferente de solidariedade. Assim também a catequese dos pais integra-se com a pastoral social para a redescoberta da libertação integral proposta pelo Evangelho.

Um dia, por ocasião de uma reunião, a coordenadora de Grupos de Pais, gerente do supermercado na cidade, expressou sua dificuldade em dormir tranquila diante da obrigação de jogar alimentos cujo prazo de validade expirou e não tem como passar para frente. Em seu grupo, mais de uma mulher pobre admite não dormir também, mas principalmente por causa da falta de comida na mesa dos pobres e da creche da comunidade onde passam tantas crianças carentes. A partir daí, inicia-se uma parceria inédita entre o maior supermercado da região, a Creche das Pastorinhas e o Serviço Social da paróquia. De ambos os lados, ricos e pobres reencontram o sono!

O texto de Ivone Gebara, *Levanta-te e anda*,[19] inspira cada vez mais a formação em nossos encontros. A autora

---

[18] GEBARA, I. *Poder e não poder das mulheres*. São Paulo: Paulinas, 1991, p. 5.
[19] *Idem, Levanta-te e anda*. São Paulo:Paulinas, 1989, p. 29-36. Progressão de uma maior conscientização das mulheres não apenas a partir de conquista da igualdade de direitos, mas da luta pelo reconhecimento humano e recíproco da superação do autoritarismo e submissão ao sistema patriarcal e capitalista na esperança de reconstruir nossa humanidade a partir de maior exigência de relacionalidade entre nós e todo ser existente.

propõe um resgate da luta em nome dos direitos humanos para repensar a fé da mulher pobre entre os pobres. Como um processo de gestação escapando da boca do dragão, símbolo do sistema destruidor da vida, a partilha de uma vida de maior igualdade, de menos exclusões e, portanto, mais humana, acaba ultrapassando os limites do cotidiano das mulheres. Transforma a vida de toda a comunidade como um fruto de sabor mais inclusivo roubado à libertação. Com Ivone Gebara, estamos em boa escola! Com ela, aprendemos a rever toda a nossa missão catequética como uma redescoberta do mistério do divino no humano, passando pela expressão da fé das mulheres.

Os primeiros efeitos da mudança

O nosso modo de ver o mundo da fé de forma mais inclusiva se reflete nas crianças da catequese. Em um dia de retiro em preparação à Primeira Eucaristia, enquanto elas são convidadas a falar sobre o sacramento que mais desejam receber, uma menina declara abertamente sua preferência pelo sacramento da Ordem. Quando se pergunta o motivo, ela responde que gostaria de celebrar a Eucaristia tal qual o padre da paróquia, para que mais crianças como ela pudessem fazer a sua primeira comunhão. Por sua vez, os meninos lembram que esse sacramento é reservado aos homens e, por isso, não perdem a ocasião para provocá-la. Quanto a nós, catequistas e coordenação, entendemos a importância de mudar o nosso discurso. A partir desse momento, a questão do ministério ordenado é colocada no programa da Escola de Ministérios: Por que as mulheres não têm acesso ao sacerdócio? Devemos continuar a batizar as mulheres? Se assim for, para quando a ordenação de mulheres? Pela primeira vez, ousamos falar sobre o assunto abertamente. Enquanto continuamos sem respostas concretas às nossas perguntas, abre-se um curso para a preparação dos homens ao ministério diaconal. Apesar de ser maioria no trabalho de evangelização, as mulheres são "destinadas" ao serviço pastoral. Esta é mais uma prova de que a "geografia do mal" do não ter, do não poder, do não valer das mulheres na Igreja é real, tudo como no seio das próprias comunidades.

Novos desafios

Em 1999, de volta a Guarulhos, sou integrada à paróquia Santo Antônio do Bairro dos Pimentas, conhecido como um dos mais pobres e violentos da cidade. Embora as Comunidades de Base estejam ainda em formação, cresce a esperança no coração das lutas sociais cada vez mais integradas à Pastoral. A Pastoral da Criança, segundo a inspiração da sua Fundadora, Doutora Zilda Arns, floresce junto às famílias mais necessitadas. Neste ministério, existe uma dimensão celebrativa e mais feminina da libertação. Destaca-se o papel doméstico das mulheres, a valorização de seus corpos e, acima de tudo, a importância de preservar, proteger e salvar a vida de crianças pobres. As mulheres são valorizadas por serem portadoras de vida nova e não somente como "bendito ventre" ou ajuda adicional para o crescimento do capital. Elas aprendem a ser diferentes e não meros objetos de dominação. Um novo paradigma teológico começa a se manifestar integrando melhor a opção pelos pobres, a realidade das mulheres, a experiência do divino, a relação com a Terra e entre as religiões. No entanto, ajuda a dar uma nova dimensão à justiça, a reabilitar o respeito pelas diferenças e, o mais importante, leva-nos a salvar vidas. Não é, pois, de estranhar que as nossas melhores catequistas se envolvam cada vez mais nesta Pastoral, buscando uma nova espiritualidade, dando mais sentido às suas vidas como mulheres. É com a Pastoral da Criança que nós, da catequese, aprendemos a importância de não sermos mais escravas das tradições que aprisionam a vida.

Assim, chegamos à conclusão de que a catequese, como um todo, devia ser mais crítica se quiser assumir os desafios mais decisivos da evangelização, clarear seus horizontes e, por conseguinte, permanecer fiel aos valores que ela se propõe para uma educação da fé mais inclusiva de gênero, de classe e raça. Portanto, diante da situação gritante dos pobres chegando de todo lugar com sua grande variedade de tradições religiosas, diante do estouro das Igrejas Evangélicas, surge uma pergunta: Como conciliar a nossa catequese com as exigências de uma evangelização de massas e do espectacular crescendo cada vez mais nas próprias Comunidades de Base? Foi suficiente para toda a comunidade catequética começar a rever o conteúdo e os caminhos da fé em solidariedade com os pobres necessitados de salvação. Assim fazendo, contribuímos com a Igreja para uma "Nova Evangelização, nova em seu ardor, em seus métodos e em sua expressão".[20]

---

[20] JOÃO PAULO II. *Discurso inaugural do papa João Paulo II da IV Conferência geral do episcopado latino-americano*, <www.vatican.va/beatificazione_gp2/.../pontificato_gp2_po.html>. A nova evangelização é a ideia central de toda a temática desta Conferência. Desde o encontro, no Haiti, com os bispos do CELAM em 1983, o papa vem pondo uma particular ênfase nesta expressão, para dar assim um novo ardor e novos esforços evangelizadores na América e no mundo inteiro.

Como mulheres responsáveis pela coordenação da catequese, inspiramo-nos na obra de Ivone Gebara: *Teologia em ritmo de mulher*.[21] Repensamos toda a nossa catequese e, assim, começamos a ver o mundo e a nossa missão de maneira diferente e mais inclusiva. Com a autora, identificamos os nove passos da hermenêutica feminista da libertação da América Latina: (1) perpassa pela história do cotidiano e sua interpretação; (2) aprofunda-se na descoberta da causalidade das coisas; (3) conduz a uma releitura das tradições sociorreligiosas; (4) questiona o patriarcado e sua exclusão; (5) situa os símbolos cristãos a partir de uma perspectiva de gênero; (6) abre-se para uma maior consciência sociopolítica da injustiça; (7) valoriza a realidade do corpo e da energia vital; (8) reconstrói o novo tecido da solidariedade; (9) promove a experiência holística da interdependência da criação com a fé. Enfim, catequistas e catequizandos são convidados a caminhar no ritmo de uma catequese de libertação mais inclusiva.[22]

Não demorou e encontramos na Liturgia uma aliada que fez soprar o vento nas velas e nos faz avançar. Na celebração do Dia da Bíblia, como também iniciando a Semana da Unidade dos Cristãos, uma procissão reúne uma multidão, Bíblia na mão, a critério de sua fé. Alguém, com quem formamos um só Corpo, nos une! Posteriormente, os catequistas do Movimento Afro-Brasileiro nos encora-

---

[21] GEBARA, I. *Teologia em ritmo de mulher*. São Paulo: Paulinas, 1994, p. 27-37.
[22] ST-JEAN, J. (org.). *Catequese libertadora*: Catequese de Criança, Catequese de Adolescente, Catequese de Jovem. Paróquia Santo Antônio, Guarulhos, SP: Artes Gráficas Prática, 1999.

jam a ir mais longe. Numa Oficina de Liturgia, ensinam-nos a não embelezar simplesmente as nossas liturgias com símbolos e coreografias de colorido cultural. É preciso situar os ritos e a dança litúrgica afro-brasileira no contexto mais amplo de suas lutas para chegar a uma libertação mais inclusiva. Por conta disso, um Grupo de Consciência Negra é formado na paróquia, dando maior sentido e motivação para uma liturgia verdadeiramente inculturada. Pela primeira vez, percebemos a importância, na evangelização, de não somente levar em conta as classes oprimidas e as mulheres, mas também não nos servir da cultura, da linguagem corporal ou da cor da pele como maquiagem para nossas liturgias.

Com o lançamento do Catecismo da Igreja Católica, temos de enfrentar o desafio de conciliar "vinho novo em odres velhos". Aos poucos, vemos a Igreja da instituição e da pregação dar marcha à ré, apesar de uma longa experiência da Catequese Renovada para uma integração da fé e da vida (Catequese Fé-Vida). A catequese dos bairros acaba cedendo a uma recentralização do departamento de evangelização para organizar a Escola Bíblica, priorizar o Catecismo da Igreja Católica e ceder em parte ao espetacular da Renovação Carismática. Muitas perguntas surgem então para a equipe catequética, formada principalmente de mulheres que assumem a formação: Que sentido tem essa recentralização e sistematização da catequese? Como conciliar uma catequese de libertação com uma evangelização de massa mais carismática? Por que continuar como catequistas, enquanto somos convocadas para preencher papéis e assumir espiritualidades que não são nossas?

Surgimento da Teologia Feminista na América Latina

Para as mulheres, que são a maioria na comunidade eclesial, o desafio da consciência de sua dignidade e igualdade fundamental cresce diariamente. Este despertar está em conflito com a prática da Igreja androcêntrica e discriminatória bem estabelecida. Muitas mulheres percebem a estrutura patriarcal e sexista da Igreja e mais especificamente na catequese, na liturgia e na teologia. Elas querem ver acontecer, especialmente na Igreja, uma libertação mais inclusiva. Mas como questionar o autoritarismo e a submissão na relação homem-mulher na evangelização? De minha parte, ao ver a grande atuação das mulheres na Igreja e o desempenho do feminismo no meio às lutas sociais e políticas, sinto-me chamada a assumir a Teologia Feminista da Libertação como teóloga. Portanto, tomo a decisão de examinar mais de perto a "opção da mulher pobre entre os pobres" e trabalhar de forma significativa e mais específica contra a opressão das mulheres na Igreja.

Iniciando o mestrado em Missiologia na Faculdade Nossa Senhora da Assunção, na cidade de São Paulo, escolho aprofundar-me no assunto: O nosso papel como mulheres na missão e na Igreja na América Latina. Mergulhando nos cursos e convivendo nesse ambiente intercultural, para minha grande surpresa, consigo encontrar palavras para descrever as experiências concretas e identificar rostos conhecidos em cada página do meu trabalho. Para analisar mais profundamente todo o processo, consigo entrar em contato com umas teólogas feministas da América Latina como fator determinante para a minha pesquisa.

Três grandes etapas da construção de uma Teologia Feminista na América Latina

Cursos, encontros e pesquisas me levam a sistematizar três principais etapas na construção da consciência feminista na América Latina:

1º) No período de 1970-1980, é a emergência das mulheres nas Comunidades de Base e nas lutas populares.

2º) De 1980 a 1990, aparece mais explicitamente uma conscientização feminista, com o surgimento do exercício da releitura da Bíblia e da teologia na perspectiva feminista.

3º) A partir de 1990, manifesta-se uma reviravolta na visão do mundo e da antropologia patriarcal a partir da construção do ecofeminismo.

Três grandes conferências ecumênicas das mulheres e teólogas (no México, em 1979; em Buenos Aires, em 1985; e no Rio de Janeiro, em 1993) descrevem a evolução da Teologia Feminista na América Latina marcando três etapas da sua evolução.[23]

A primeira fase (1970-1980) coincide com o crescimento das Comunidades de Base e da Teologia da Libertação. Como vimos, a década de 1970 favorece a aliança entre os movimentos populares e as mulheres engajadas na evangelização e no processo da transformação social. O Ano Internacional da Mulher (1975) torna-se uma ocasião para uma mobilização e

---

[23] TEPEDINO, A. M.; AQUINO, M. P. *Entre la indignación y la esperanza: Teologia feminista latino-americana*. Columbia: Indo-American Press, 1998, p. 42-57; BRUNELLI, D. *Libertação da mulher*. Rio de Janeiro: CRB, 1988, p. 14-23.

uma verdadeira organização em vista da defesa e proteção das mulheres vítimas da discriminação e da violência. Apesar da tentativa de articular a questão de gênero nos movimentos de luta de classes, o feminismo e a teologia feminista ainda são percebidos como uma ameaça para o engajamento das mulheres e, de certa forma, para a Teologia da Libertação.

No Primeiro Congresso de Tepeyac, no México, em 1979, um progresso notável da conscientização feminista se manifesta entre as participantes nos movimentos cristãos. Elas se comprometem a participar de duas lutas ao mesmo tempo, quer a luta mais específica das mulheres, quer essa outra pela libertação socioeconômica e política do povo. No espírito de Puebla, as mulheres latino-americanas se consideram incluídas na opção pelos pobres.[24] A Teologia Feminista ainda aparece como algo importado. Porém, as teólogas denunciam a linguagem muito genérica, demonstrando que a questão das mulheres e suas lutas de libertação não foram ainda assumidas no seio da Igreja Latino-Americana.[25]

A segunda fase (1980-1990) revelou-se favorável a uma maior sensibilização diante da discriminação e da violência contra as mulheres. Uma nova articulação da dimensão sociopolítica e da vida cotidiana é introduzida na elaboração das políticas públicas, a partir do estudo das relações de gênero. Assim, a pluralidade e a diversidade dos movimentos de mulheres e da sua autonomia têm-se revelado fundamentais para uma identificação com o feminismo. Em 1985, o Conselho Nacional dos Direitos da Mulher é instituído com o slogan: "Os direitos das mulheres são direitos humanos".

---

[24] CELAM. *Op. cit., Documento final de Puebla,* n. 834-848.
[25] FERRO, C. "The Latin American Woman: The Praxis and Theology of Liberation", em S. TORRES, S. e J. EAGLESON (dir.). *The Challenge of Basic Christian Community.* New York, Orbis Books, 1990, p. 24-35. Relatório detalhado do Primeiro Encontro de Tepeyac, México.

Posteriormente, os Grupos de Consciência Negra trabalham as questões de gênero e a exclusão das culturas. Elas demonstram que é impossível falar de consciência feminista apenas de uma cor ou de uma só voz. Assim, as mulheres da América Latina chegam à conclusão de que é tempo não só de pensar sobre a igualdade entre os sexos, mas também de lutar contra qualquer exclusão entre classes, etnias, povos e gerações, para que todos possam viver com dignidade.[26] Enquanto as mulheres e feministas se unem na luta para sacudir a dominação patriarcal, as teólogas e biblistas da América Latina começam a reformular a teologia do ponto de vista das mulheres, a fim de promover uma releitura da vida, da Bíblia, da teologia e da prática eclesial.

Por ocasião deste Segundo Congresso Ecumênico Feminista em Buenos Aires, em 1985, uma análise do patriarcado inerente às instituições eclesiais e sociais e as questões dirigidas à Teologia da Libertação dão origem ao desenvolvimento de uma Teologia Feminista de Libertação própria para a América Latina. "Estamos protestando contra o fato de que a Teologia da Libertação ainda não tem trabalhado de uma forma significativa a opressão das mulheres. É por isso que consideramos urgente o desenvolvimento de uma Teologia Feminista de Libertação",[27] afirmam os participantes. Pela primeira vez, a expressão "teologia feminista" surge com o objetivo de caracterizar a teologia a partir da mulher, a teologia feminina e a teologia na perspectiva da mulher. O estudo de gênero é colocado a serviço da hermenêutica bíblica e este é o início de um intercâmbio entre as teólogas da Europa e dos Estados Unidos sobre a hermenêutica bíblica feminista.

---

[26] MUNHOZ, A. *Feminismo e Evangelização*, op. cit., p. 95-103
[27] NAUTA, R. "Latin American Women Theology", *Exchange,* 48, 1987, p. 31-32.

O maior desafio da terceira fase da Teologia Feminista, a partir de 1990, encontra-se na articulação de uma hermenêutica que leve em conta as preocupações das mulheres pobres enfrentando a violência, o sistema e as práticas e políticas neoliberais. Um novo feminismo plural e menos exclusivo surge, promovendo assim a participação das mulheres dentro das organizações feministas e a integração do feminismo nos movimentos populares. Como resultado do seu engajamento nos movimentos sociais, as mulheres seguem para os conselhos municipais e os partidos políticos, a fim de se envolver no desenvolvimento das políticas públicas. Esta tríplice relação entre a base, a pluralidade e diversidade do feminismo e a sociedade civil está subjacente às ONGs como ponte entre as questões sociais e as decisões políticas.[28] A questão de gênero é então introduzida nos debates preparatórios à Conferência Internacional para o Desenvolvimento Sustentável (ECO-92). Pouco a pouco, o feminismo entra nas universidades e as portas se abrem para a criação de centros de estudos, de movimentos, de sessões e cursos. Os departamentos de estudos sobre as mulheres se constituem.[29] Semanas teológicas são organizadas a fim de aprofundar as questões fundamentais da Teologia Feminista no contexto da América Latina.[30]

Por ocasião do Terceiro Congresso na cidade do Rio de Janeiro, em 1993, ocorre uma nova preocupação da hermenêutica feminista latino-americana. Diante da migração dos

---

[28] MUNHOZ, A. *Feminismo e Evangelização*, op. cit., p. 117.
[29] Centros de estudos sobre as mulheres organizados na Faculdade de Rio de janeiro (PUC) em 1981; Cursos de Teologia Feminista oferecidos pelos Dominicanos (1995); Cursos ligando a questão de gênero e a justiça social são organizados pelo CESEP (1998); Departamento de Estudos Feministas é criado na Universidade Metodista em São Bernardo do Campo, SP (1996).
[30] TEPEDINO, M.; AQUINO, M.P. *op. cit.*, p. 31. A primeira semana teológica organizada com M. Hunt (1991); a segunda com M. J. Mananzan (1993) e a terceira com I. Gebara (1993).

sem-terra, as feministas, as mulheres e as teólogas se sentem cada vez mais interpeladas. Ligam a opressão das mulheres à exclusão dos pobres, à destruição de suas terras e do seu meio ambiente. Este contexto favorece uma articulação das primícias do ecofeminismo com Ivone Gebara[31] e abre para uma visão diferente da libertação na América Latina.

Com base nas conclusões de teólogas feministas latino-americanas, três prioridades são elaboradas a partir da contribuição da Teologia Feminista:

1. Mulheres e teólogas são "sujeitos de libertação" para a transformação das estruturas patriarcais e a produção de uma Teologia Feminista específica para a América Latina.
2. Diante das estruturas sociopolíticas globalizantes e excludentes, a inclusão do gênero – classe – raça é indispensável como novo paradigma da Teologia Feminista.
3. Com o surgimento de novas formas de solidariedade entre as mulheres, a Teologia Feminista torna-se um imperativo para uma tarefa de libertação mais inclusiva da tarefa teológica.[32]

Novos tempos se abrem agora para a Teologia Feminista na América Latina, sendo vista doravante não somente como um desafio, mas como uma transformação da reflexão teológica a partir da autoprática das mulheres.

---

[31] LORENTZEN, L. A. / GEBARA, I. (b.1944), p. 2-3; site: www.clas.ufl.edu/users/bron/PDF--Christianity/Lorentzen--Ivone%20Gebara.pdf. Contribução de Ivone Gebara e Elsa Tamez; I. GEBARA, *Teologia ecofeminista: Ensaio para repensar o conhecimento e a religião*. São Paulo: Olho d'Água, 1997, p. 9-24.
[32] ROSADO NUÑES, M. J. *op. cit.*, p. 8-11.

Diante de tantas descobertas, como não acreditar no que estou vendo? Reconheço que a Teologia Feminista tem caminhado tanto na América Latina e estou apenas começando a participar! A Marcha Internacional das Mulheres no Ano 2000, que mobilizou milhares de mulheres em todo o Brasil e de que participei, foi para mim uma oportunidade de confirmar a importância do empenho das mulheres, a relevância de suas lutas para a erradicação da pobreza, a preservação da vida e do meio ambiente. Com as mulheres brasileiras, mais uma etapa ocorre na consciência feminista. Não se trata apenas de exigir a igualdade de gêneros, mas lutar contra todas as formas de exclusão:

> Caminhamos para mostrar que a participação ativa das mulheres na vida política, econômica, social e cultural é o ponto de partida para a nossa libertação e do nosso povo. Caminhamos para que todos e todas façam ouvir a sua voz e encontrem o seu lugar, para que todos e todas tenham vida. Começamos o ano 2000 lutando para que os direitos humanos das mulheres sejam reconhecidos como inseparáveis dos direitos humanos, a fim de que a igualdade, a justiça, a paz e a solidariedade sejam valores predominantes. Nós temos 2.000 razões para andar. [...] Porque queremos mudar a vida das mulheres no mundo inteiro. [...] Porque queremos mudar o mundo.[33]

Durante essa caminhada, eu vi como num retrovisor a caminhada na qual eu me tinha inserido desde a minha chegada ao Brasil: os acontecimentos de todos os dias da experiência das mulheres, as lutas sociais, a catequese, as Comunidades de Base e a Teologia Feminista levada em conta nessa Marcha das Mulheres. Nós, as mulheres da Igreja dos

---

[33] SEMPREVIVA ORGANIZAÇÃO FEMINISTA. "Marcha Mundial das Mulheres contra a pobreza e violência sexista e pela distribuição da riqueza", *Editorial*. São Paulo: 08-03-2000, p. 1.

pobres, não andávamos mais sozinhas. Por que duvidar da nova consciência histórica das mulheres no continente latino-americano? Por que ter medo de sair da nossa letargia com esta "recém-nascida" já em nossas mãos? Uma certeza: não podemos viver em Igreja sem trabalhar para a libertação dos pobres! Não podemos sair da opressão sem nos tornarmos solidárias com os pobres! Não podemos fazer opção pela mulher pobre entre os pobres sem o feminismo! Não podemos assumir o nosso papel como mulheres na Igreja sem a Teologia Feminista! A Marcha das Mulheres deixa registrada para sempre em nós e entre nós, as mulheres, a decisão de nos assumirmos e de caminharmos juntas.

Outra visão da libertação

Desse dia em diante, aprofundar a minha fé como mulher toma um sentido completamente diferente. Para mim, tornar-se-á indispensável fazer minhas e tornar explícitas as experiências históricas e espirituais das mulheres na América Latina, participando de suas lutas específicas para abraçar seus objetivos e horizontes. Como não concordar com Maria Pilar Aquino quando afirma que, se foi negado no passado às mulheres da América Latina o direito de refletir e articular suas próprias experiências de fé, "hoje na medida em que as mulheres recuperam sua própria palavra, tomam consciência de sua própria força e verbalizam sua experiência de fé, convertem-se em novo sujeito teológico a partir do qual são refletidos todos os conteúdos da fé".[34] De fato, o surgimento da Teologia da Libertação

---

[34] AQUINO, M. P. *Nosso clamor pela vida: Teologia latino-americana a partir da perspectiva da mulher.* São Paulo, Paulinas, 1996, p. 66.

Feminista é um tempo de graça para uma transformação e uma libertação mais inclusiva, capaz de marcar nosso século. Evidentemente, precisa tornar-se solidária com as mulheres da América Latina, a fim de dar uma reviravolta nas terras da dominação patriarcal e para dar à luz uma nova visão da libertação.

Logo no primeiro curso de Missiologia, o professor de metodologia nos pega de surpresa, pedindo-nos para expressar a paixão que nos leva a realizar nossos estudos e, mais especificamente, o tema da nossa monografia. Fico um pouco constrangida, não tanto por ser a única mulher nessa classe, mas quanto ao meu assunto. Eu digo que pretendo aprofundar a experiência das mulheres na missão como "discipulado de iguais" no contexto dos pobres da América Latina.[35] "Um grande desafio para levar avante!", reconhece o professor Márcio. Mas, nos bastidores, os colegas comentam: "Mais uma que não vai chegar ao fim de sua tese!" Desde o início, estou ciente dos desafios apresentados pela Teologia Feminista às mulheres que se engajam nessa jornada. À medida que avança a reflexão e se dá a prática, o novo paradigma da Teologia Feminista da Libertação levanta novas questões, exige novas abordagens, provoca um novo discurso e abre-se para novas formas de solidariedade.

Com o tempo, vou encontrar outros professores abertos à Teologia Feminista para que mulheres e teólogas possam ter vez e voz. Assim fez o professor Beni dos Santos, que nos convida a abrir o debate a partir de um estudo mais

---

[35] ST-JEAN, J. *O "Discipulado de iguais" no contexto dos pobres da América Latina. Desafios à missão evangelizadora na ótica da teologia feminista*, tema da minha monografia apresentada no Centro Universitário Assunção, SP, 2002.

detalhado da obra de Elizabeth Johnson: *AQUELA que é*.[36] Primeiramente, elogiam-se os esforços de Elizabeth Johnson em oferecer esse discurso inclusivo sobre Deus, enraizado na experiência da mulher na tradição judaico-cristã. Dá-se uma nova dimensão à linguagem sobre Deus Triuno falando do Deus vivo e uno como "Aquela que é". Alguns alunos e teólogos discordam da autora pelo fato de manter-se na feminização da teologia a partir da analogia clássica da Trindade-Sophia, sem rigor exegético e hermenêutico. Mas uma aproximação com o ecofeminismo de Ivone Gebara demonstra a importância da biodiversidade das vozes das mulheres, como "vozes de passagem," para designar Deus com palavras que expressam a solidariedade e as novas relações a estabelecer entre nós, a Terra, o cosmos e a Trindade:

> De todos os cantos da Terra, estamos construindo uma nova espiritualidade, como um novo Pentecostes que ultrapassa as fronteiras de nossas religiões, que põe ordem em nossas vidas, dá sentido, desperta em nós o desejo de ajudar os outros a descobrir a pérola de grande valor em nosso próprio corpo e o corpo da Terra alimentada pela indissolúvel, una e múltipla energia trinitária.[37]

Retornar à paróquia, nos fins de semana, para assumir algumas responsabilidades pastorais me dá a oportunidade de confrontar a minha pesquisa com o que está acontecendo no terreno. Uma experiência inesquecível, entre outras, vem confirmar minha intuição de que a espiritualidade subjacente

---

[36] JOHNSON, E. *Aquela que é:* O mistério de Deus no trabalho teológico feminino. Petrópolis, 1995, p. 275-386. A autora apresenta uma nova metáfora para falar de Deus trino no seu mistério "de relacionamento"; de Deus vivo e uno como "Aquela que é"; de Deus sofredor em "sua compaixão" superabundante.

[37] GEBARA, I. *Longing for Running Water:* Ecofeminism and Liberation. New York: Fortress Press, 1999, p. 170-171.

à catequese precisa ser revisitada pela Teologia Feminista. É assim, por exemplo, que o retiro dos confirmandos de 16 a 20 anos fica diferente. Ao invés de nos fecharmos no Centro Diocesano, como num cenáculo, passamos o dia na montanha sendo nosso referencial para este dia de retiro.

Na primeira parada, olhando para a floresta devastada pelas queimadas, torna-se um momento forte de pedido de perdão pela destruição da vida que nos rodeia. Prosseguindo na caminhada, podemos avaliar o quanto a nossa relação com a criação é uma questão de solidariedade, formando um só corpo com ela. Na medida em que avançamos na floresta, a natureza parece menos ameaçadora; revela-se nossa melhor amiga e nossa ação de graças se transforma. A palavra de Deus brota deste espaço por onde entramos em diálogo com Ele. Em determinado momento, a relação cresce entre nós: formamos uma corrente para atravessar o rio, ajudando-nos uns aos outros para passar o barranco ou contornar um ninho de cobras. Aos poucos, nossa voz sintoniza-se com a criação. Os jovens não têm olhos e ouvidos suficientemente preparados para captar a nova paisagem e gravar os sons inéditos das aves cantando. Em algum momento, a nossa necessidade de água potável torna-se um valor incontestável. Que festa, então, quando encontramos uma fonte jorrando do mais profundo da terra! Daí, prometemos nunca mais desperdiçar água. Depois de uma parada bem merecida no sopé da última montanha, os jovens sobem de uma vez como em busca do melhor troféu. Uma vez em cima, como descrever a celebração final? Nossa oração brota espontaneamente, enquanto olhamos para a direita, para a esquerda, para frente, para trás, até identificar nossa cidade, nossos bairros, nossas casas, nossos amigos e amigas que parecem tão longe, mas que a montanha aproxima em um piscar de olhos. Naquele dia, o compromisso dos jovens e de toda a equipe da Catequese se abre para novas perspectivas de evangelização brotando do mais profundo da nossa busca de uma libertação mais inclusiva.

Ecofeminismo com Ivone Gebara

Essa experiência não poderia ser melhor para entender o que Ivone Gebara quer dizer quando fala de "ecofeminismo".[38] Realmente, o discurso feminista inspira o nosso compromisso, desperta para uma nova relação com Deus, entre nós e com a Terra. Mas ainda é preciso desestabilizar o nosso processo cognitivo e o nosso conhecimento teológico tradicional. Por conseguinte, leva a uma abertura para a "epistemologia ecofeminista, introduzindo a questão de gênero e a questão ecológica como mediações para a compreensão e interpretação do mundo, do ser humano".[39] Trata-se aqui de um novo paradigma para uma libertação mais inclusiva, inspiradora, não só para a catequese, mas para a experiência espiritual que dela deriva.

A inclusão em nossa reflexão da perspectiva plural da epistemologia ecofeminista e sua relação vital com a identidade religiosa modificam, de alguma forma, o nosso conhecimento teológico. Na teologia ecofeminista, a referência essencial ao contexto vital (a epistemologia contextual) permite vislumbrar a reconstrução de um novo tecido humano das relações, dos comportamentos, dos significados, em uma diversidade universal. O reconhecimento de que

---

[38] GEBARA, I. *Teologia ecofeminista, op. cit.*, p. 10. *Idem, Longing for Running Water, op. cit.*, p. 205. Conexão entre a exploração da natureza e das mulheres no interior do sistema hierárquico patriarcal.

[39] GEBARA, I. *Teologia ecofeminista, op. cit.*, p. 67; *Idem, Longing for Running Water, op. cit.*, p. 57.

não somos apenas as partes de um todo, mas que a totalidade está em nós (a epistemologia holística), permite-nos captar as interpelações do sagrado no coração da experiência humana. A abertura para o mundo das emoções, dos sentimentos e da paixão (a epistemologia emocional) traz uma dimensão afetiva para a linguagem teológica. A acolhida da multiplicidade das experiências (a epistemologia inclusiva), especialmente das experiências religiosas, abre o caminho para a expressão e a busca da unidade.

Reconhecemos que a biodiversidade das diferentes epistemologias feministas não existe sem provocar um novo discurso, umas novas formas de solidariedade e, pelo mesmo fato, uma outra visão da libertação. Já que o ecofeminismo convida a todos para participar do processo de salvar a Terra e lutar para defender a vida, não se baseia em um sistema de hierarquia religiosa de dependência e exclusão: a cada momento, cada ser tem o direito e é digno de viver a plenitude da sua existência. Ao mesmo tempo, somos conscientes de que a nossa capacidade de nos abrirmos para todos os seres é limitada e que somos, ao mesmo tempo, sujeitos e objetos de exclusão. É por isso que a luta concreta do ecofeminismo em vista da "ecojustiça" exige uma perspectiva mais ampla e mais abrangente que a da justiça social.

No ecofeminismo, não estamos falando do Deus da vida, mas da vida como "o divino entre nós". Nesta perspectiva, o papel da religião é de "re-ligar" as pessoas entre si, com a Terra ou mesmo para ajudar a fazer uma releitura da realidade a partir da experiência religiosa. Compreendemos a razão por que se torna necessário falar de uma biodiversidade de religiões acompanhando a biodiversidade do cosmos, da Terra e das culturas.[40] Nesta tarefa comum da biodiversidade das religiões, manifesta-se a esperança de se abrir brechas em nosso mundo de exploração, traçar novos caminhos para uma libertação efetiva na história. O ecofeminismo revela-se um caminho de libertação mais inclusivo, abrindo para uma perspectiva mais existencial e, portanto, menos hierárquica e institucional. Esta via não dispensa a exigência do respeito pela diversidade de linguagem, das diferentes construções de sentido, de responsabilidade comum do Corpo Vivo a quem pertencemos.

No ecofeminismo, a pessoa é vista basicamente como um ser relacional, por causa de sua própria condição humana. Está relacionado com a Terra, com os outros, com Deus e com o cosmos.[41] Falar da "relacionalidade" da condição humana é estar consciente não só da realidade sociopolítico-religiosa, mas também do sagrado no coração do Universo. Todos os seres constituem o Corpo Sagrado do Universo. Reafirmar nosso vínculo com a terra onde nos enraizamos é ser um com ela, com a responsabilidade coletiva do ser relacional. É a base da interdependência entre todos os seres. A experiência religiosa relacional é a experiência de estar em comunhão como um todo e na unidade com o todo. Em sua condição cósmica, é estar integrado com a realidade do cosmos de forma inclusiva e não como um objeto a dominar. Portanto, o ser capaz de relacionamento é, ao mesmo tempo, um ser de abertura e em evolução. É por isso que podemos dizer que estamos no divino e que o divino está em nós.

---

[40] *Idem, Longing for Running Water, op. cit,* p. 205-212; *Idem, Teologia ecofeminista, op.cit.*, p. 101-112.
[41] GEBARA, I. *Longing for Running Water, op. cit.* p. 83-99.

Após a descoberta do ecofeminismo com Ivone Gebara, podia até interromper meus estudos por me sentir plenamente realizada. Acabava de captar a essência de uma libertação mais inclusiva. No entanto, tal como a mulher grávida que dialoga com o novo ser que nela habita, tentava familiarizar-me com este novo sopro de vida suficientemente para enfrentar agora os desafios do "discipulado de iguais" na missão. Ao mesmo tempo, consciente de que se trata de uma gestação coletiva, de risco e sem data exata para nascer, precisava continuar trabalhando com cuidado para assegurar que a vida seja respeitada. Ainda mais diante das formas organizadas de destruição que ainda ameaçam a nossa expectativa de vida. Eis o início da nova espiritualidade que está alimentando-me até hoje, tendo motivo para continuar a jornada, para que venha esta visão de libertação mais inclusiva para uma nova terra, como disse Ivone Gebara:

> Mesmo que ainda não saibamos nem balbuciar as novas formas de esperança em gestação. Mesmo que haja muitas teorias capazes de sustentar esta espera. Há apenas as coisas que sustentam o humano em nós, esperando o novo dia que vai chegar [...]. Precisamos sentir que existem mãos segurando a nossa, que existem corações palpitando com os nossos e ultrapassando as antigas divisões. Precisamos saber que existem pessoas sonhando conosco um mundo melhor.[42]

No Congresso da Sociedade de Teologia e Religião, em Belo Horizonte, em 2002, o discurso de Ivone Gebara acerta direto o alvo.[43] Na presença dos teólogos Leonardo Boff, Luiz Carlos

---

[42] GEBARA, I. "Espiritualidade feminista, risco e resistência", *Concilium*, Petrópolis, n. 288, 2000, p. 43.
[43] SOTER, *Gênero e Teologia* – Interpretações e Perspectivas. São Paulo: Loyola, 2003, p. 153-170.

Suzin, Carlos Josafá, José Comblin, Marcelo Barros e das teólogas feministas Delir Brunelli e Maria Clara Bingemer, entre outras, eis os questionamentos que ela se atreve a fazer para a Teologia chacoalhando a todos e todas nós, teólogas e teólogos. Convida-nos a tomar consciência da situação de violência e dominação da teologia tradicional de um Deus que domina e controla. Torna-se importante entrar em contato com a sabedoria do sagrado e do divino no coração da Terra. É ele quem desafia nossos sonhos de justiça e solidariedade em vista de um agir mais profético, o compromisso com a ecojustiça. Como cristãos, trata-se de retornar à essência do Evangelho; salvar o projeto de igualdade da tradição evangélica, ouvir o grito abafado dos pobres; romper com o mal ferindo o feminino. Nesta época de pós--modernidade, de pós-globalização e de pós-feminismo, somos convocados a reabrir o diálogo capaz de unificar todas as vidas. Somos convidados a participar da cocriação, não a partir de dogmas ou da doutrina, mas da própria vida. Gebara questiona o fato de falar de gênero sem falar de feminismo, esta abertura que não assumimos publicamente a fim de sobreviver. Ela denuncia a recusa de uma releitura de conceitos considerados agora desnecessários e, por outro lado, nossa sutil investigação de certo equilíbrio para dominar em nome de Jesus. À noite, durante a celebração, prosseguimos simbolicamente com o enterro de uma teologia sem vida.

Por que duvidar de que o novo seja "muito novo"? Por que ter medo de quebrar o que sustenta a nossa resistência? Por que perder tempo para reconstruir? Por que ter medo de construir de novo? Sem dúvida, o surgimento da Teologia Feminista, que está na raiz de um processo de libertação mais inclusiva para as mulheres pobres entre os pobres na América Latina, está nascendo nas mentes dos teólogos e teólogas, sem a necessidade de um tribunal para julgar os autores ou o púlpito da Igreja para falar ex-cathedra.[44] Diante da extensão dos problemas das mulheres pobres, paradigmas da humanidade ferida e dos ecossistemas ameaçados, a Teologia Feminista da Libertação assume a sua responsabilidade para construir as pontes necessárias com base em valores fundamentais, para o futuro das Igrejas, em solidariedade com as outras teologias feministas portadoras da libertação.

---

[44] DAVIAU, P. *Pour libérer la théologie. Op. cit.,* p. 118.

A TEOLOGIA FEMINISTA CRÍTICA DA LIBERTAÇÃO E A TRANSFORMAÇÃO DA LIBERTAÇÃO

As feministas de cor pedem às feministas brancas que se unam a elas para redefinir o feminismo como teoria e prática que possa conceitualizar a opressão intermesclada de classe, raça, etnia e gênero como algo inaceitável e redefinir a libertação das mulheres como parte da luta contra essas formas de opressão.[1]
(Elisabeth SCHÜSSLER FIORENZA)

Essas primeiras palavras de Elisabeth Schüssler Fiorenza, exegeta feminista, em turnê por São Paulo em novembro

---

[1] SCHÜSSLER FIORENZA, E., *Discipulado de iguais, op. cit.*, p. 368; Idem, *Bread Not Stone:* The Challenge of Feminist Biblical Interpretation with a New Afterword. Boston: Beacon Press, 1995, p. 173.

de 2000, convidam-nos a levar a sério o surgimento de um novo paradigma em teologia. Por meio desse, quer denunciar todas as formas de racismo, colonialismo e sexismo que persistem nas relações humanas marcadas pela injustiça. Na hora, deu para perceber a expectativa de tantas mulheres, teólogas e teólogos brasileiros atendendo a seu convite naquela noite. Que emoção, também, encontrar pessoalmente a autora do livro *Discipulado de iguais,* que é referência da minha tese de mestrado em Missiologia! Com certeza, apresentou-se uma oportunidade de ouro em resposta ao fluxo de perguntas que estava surgindo: Em que consiste a "Teologia Feminista Crítica da Libertação" de que ela fala em seus livros? Que desafio isso representa para a Teologia da Libertação? O que isso acrescenta à Teologia Feminista e que interesse tem para as mulheres na América Latina? Em que a "hermenêutica crítica feminista da libertação" pode contribuir para uma rearticulação da libertação?

O que é a Teologia Feminista Crítica da Libertação?

Segundo Elisabeth Schüssler Fiorenza, a Teologia Feminista Crítica da Libertação é definida como:

> Uma "crítica" das estruturas patriarcais, a partir da "perspectiva das mulheres", para uma "libertação mais inclusiva" em vista da transformação das estruturas patriarcais para a formação da comunidade do "discipulado de iguais".[2]

---

[2] SCHÜSSLER FIORENZA, E. *Op. cit. Bread Not Stone*, p. x-xiv; I. GEBARA, "A Feminist Theology of Liberation", em F. SERGOVIA, *Toward a New Heaven and a New Earth*. New York: Orbis Books, 2003, p. 249.

Essa abordagem supõe uma solidariedade com as mulheres do passado e do presente, cujas vidas e lutas estão interligadas nas religiões bíblicas em reação ao androcentrismo simbólico e à dominação patriarcal que estão presentes. A Teologia Feminista Crítica da Libertação, portanto, envolve uma luta articulada entre as mulheres e as teólogas para reivindicar sua herança bíblica, uma teologia capaz de gerar uma mudança social e eclesial.[3]

A Teologia Feminista Crítica da Libertação não fala apenas da dominação dos homens sobre as mulheres, mas do patriarcado (*patri-kyriarcalismo*), este esquema de pirâmide que estrutura a sociedade e as igrejas em que a opressão das mulheres é evidente. "O patriarcado define não só as mulheres como 'outras', mas faz dos povos e das raças como o 'outro a dominar'."[4]

Referindo-se a seu livro, *Bread Not Stone*,[5] a autora afirma que o *patri-kyriarcalismo* não é um simples dualismo ideológico ou construção de linguagem. É um sistema sociopolítico de uma estrutura social de submissão e opressão, cuja origem remonta a Aristóteles. Esse sistema influencia até hoje não só a cultura e filosofia ocidental, mas a teologia cristã. O patriarcado (*patri-kyriarcalismo*) está baseado na lei "do senhor – pai – chefe – marido". É uma pirâmide social que visa a centralização dominante da autoridade e do poder de onde emana uma opressão patriarcal do outro sexo, da outra raça, da outra cultura e da outra classe.

---

[3] SCHÜSSLER FIORENZA, E. *Op. cit.*, p. xiii-xv; Idem, *As origens cristãs a partir da mulher: Uma nova hermenêutica*. São Paulo: Paulinas, 1992, p. 17; Idem, "Vers une théologie libérée et libératrice", *Concilium*, n. 135, 1978, p. 36-37.

[4] SCHÜSSLER FIORENZA, E. *Bread Not Stone, op. cit.*, p. xiv-xv; Idem, *The Power of Naming*. New York: Orbis Books, 1996, p. xi-xv; GÖSSMANN, E. *et al.*, *Dicionário de teologia feminista*. Petrópolis: Vozes, 1997, p. 371-373.

[5] *Ibidem*, p. 5-6.

O androcentrismo e o sexismo, que são construídos socialmente e, por conseguinte, teologicamente, perpetuam a exploração patriarcal das mulheres e particularmente as mais pobres e desprezadas da Terra. No decorrer de um exercício prático, Elisabeth Schüssler Fiorenza convida-nos a desenhar, lápis na mão, o retrato da pirâmide sociokyriarcal do Brasil, isto é, a situação que estamos enfrentando hoje no Brasil, cultural e estruturalmente.

O sistema patriarcal de opressão marca não só a vida das mulheres de hoje, mas também é encontrado nos textos bíblicos e nas estruturas das religiões baseadas na Bíblia. É por isso que a Teologia Feminista Crítica da Libertação reivindica o direito e o poder para as mulheres articularem a sua própria jornada como uma hermenêutica de libertação. Em sua luta contra a opressão patriarcal e sua busca pela libertação, ela diz respeito à experiência das mulheres na tradição do passado e do presente da comunidade cristã. Passar de uma interpretação androcêntrica do mundo para uma interpretação centrada sobre uma libertação mais inclusiva envolve o novo paradigma da crítica feminista. Esse paradigma encontra sua âncora no passado e no presente das mulheres que querem mudar a situação de uma adesão a uma tradição androcêntrica e autoridade patriarcal, tanto quanto nos textos bíblicos como na vida real. Por isso, requer, antes de mais nada, uma "conversão enraizada em uma mudança das relações sociopatriarcais".[6] Portanto, "a teologia feminista continuará a ser uma teologia crítica de libertação enquanto as mulheres sofrerem a injustiça e a opressão da parte das

---

[6] SCHÜSSLER FIORENZA, E. *Bread Not Stone*, op. cit., p. x-xiv; Idem, *As origens cristãs*, op. cit., p. 18.

estruturas patriarcais".[7] Ao encerrar o encontro, os participantes puderam concluir que a Teologia Feminista Crítica da Libertação tem tudo a ver conosco no Brasil e por muito tempo!

O lugar da Teologia Feminista Crítica da Libertação

Naquela noite, também se levantam vozes dissidentes. Elas vêm principalmente das mulheres que todos os dias têm de lutar pela sobrevivência contra as múltiplas formas de opressão patriarcal e desumanização. Se as mulheres de um estatuto privilegiado podem operar fora das instituições patriarcais, não é possível para tantas outras. Suas intervenções se assemelham às questões pertinentes às grandes feministas: "Podemos escolher o que somos numa cultura onde as regras sociais são fixas quase como um destino?".[8] Será que podemos realmente escolher, considerando que sempre somos percebidas como "satélites" do sexo masculino, definida "por e para" os homens?[9]

Em resposta a essas observações, Elisabeth Schüssler Fiorenza nos lembra que o lugar da Teologia Feminista Crítica da Libertação é a luta de todas as mulheres em vista de uma libertação mais inclusiva. Não se trata de ir atrás de uma "Terra Prometida" e não é coisa de outro mundo. Cabe a cada uma de nós reconstruir o tecido da nossa pertença socioeclesial, assim como temos de nos

---

[7] SCHÜSSLER FIORENZA, E. *Op. cit.,* p. 6.
[8] GEBARA, I. *Le mal au féminin, op. cit.* p. 91; *Idem, Rompendo o silêncio: Uma fenomenologia do mal.* Petrópolis: Vozes, 2001, p. 103.
[9] GEBARA, I. "A Feminist Theology of Liberation", *op. cit.*, p. 250.

arrependermos de nossa cumplicidade patriarcal. Daí, a importância de nos tornarmos solidárias, abandonar a nossa visão de mulheres vítimas e nossa submissão cega ao sistema patriarcal da religião e da Igreja. Só assim, seremos capazes de nos definir como "Igreja do discipulado de iguais", proclamando que também somos a Igreja, como sempre fomos.

A prática da interpretação bíblica ou hermenêutica

Desde o momento em que as mulheres assumem e reivindicam a autoridade para ser Igreja de verdade, elas também querem envolver-se na prática de interpretação da Bíblia. No entanto, Elisabeth Schüssler Fiorenza reivindica a "dança hermenêuticra crítica feminista da libertação"[10] como um modelo de interpretação dos textos bíblicos como parte integrante do processo da libertação. Essa interpretação da Bíblia compreende uma sucessão de seis movimentos que interagem uns com os outros, segundo o seguinte esquema.[11]

---

[10] SCHÜSSLER FIORENZA, E. *Wisdom Ways: Introducing Feminist Interpretation*. New York: Orbis Books, 2001, p. 167.
[11] SCHÜSSLER FIORENZA, E. *Op. cit.*, p. 194.

Dança hermenêutica crítica feminista da libertação
(Elisabeth Schüssler Fiorenza)

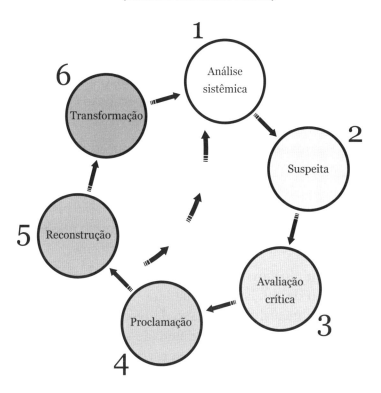

(1) A "dança" sempre começa com a *análise sistêmica* para situar o contexto sociorreligioso do sistema piramidal patriarcal. Este é o momento da análise da experiência das mulheres em meio às relações de poder do sistema patriarcal.[12]

(2) Em seguida, está a *suspeita*, a fim de desmistificar as estruturas de poder que sustentam a organização

---
[12] SCHÜSSLER FIORENZA, E. *Op. cit.*, p. 172-175

do mundo patriarcal. Este passo denuncia a construção enganosa da realidade no interesse da dominação patriarcal, visando a invisibilidade e a marginalização das mulheres.[13]

(3) No terceiro momento, *a avaliação crítica* denuncia o uso do texto bíblico para reforçar e legitimar os valores e as estruturas patriarcais do *kyriarcalismo* registrado no texto bíblico.[14]

(4) No quarto movimento, a *proclamação* incentiva a tomar a palavra para reivindicar uma maior participação das mulheres. Esta é a fase na qual as participantes são convidadas a usar a imaginação histórica para reconstruir as lutas das mulheres no passado e fazer as ligações necessárias com o presente.[15]

(5) O quinto movimento da *reconstrução* levanta o desafio da solidariedade na luta por uma libertação mais inclusiva. É o passo da reconstrução da história, garantia da continuidade entre aquelas que fizeram a história e quem escreve. Daí, a necessidade de voltar para os primeiros movimentos da análise sistêmica e da suspeita.[16]

(6) Finalmente, o passo da *transformação* leva a se comprometer com a libertação. A "dança hermenêutica" atinge aqui seu ápice como instrumento de transformação da libertação.[17]

---

[13] SCHÜSSLER FIORENZA, E. *Op. cit.*, p. 175-177.
[14] SCHÜSSLER FIORENZA, E. *Op. cit.*, p. 177-179.
[15] SCHÜSSLER FIORENZA, E. *Op. cit.*, p. 179-183.
[16] SCHÜSSLER FIORENZA, E. *Op. cit.*, p. 183-186.
[17] SCHÜSSLER FIORENZA, E. *Op. cit.*, p. 186-189.

A cada passo da "dança hermenêutica", corpo e mente, sentimentos e emoções, fatos e situações estão envolvidos em um processo de transformação chamando para uma maior solidariedade. Em última análise, os limites da própria hermenêutica abre o caminho para uma interpretação cada vez mais inclusiva da libertação.

Para aprender a colocar em prática a "dança hermenêutica crítica feminista da libertação", tenho a oportunidade de participar de outro encontro liderado por Elisabeth Schüssler Fiorenza junto às mulheres em Salvador, BA. Logo naquela noite da abertura, numa celebração na igreja, entendemos melhor a importância destes dias de reunião. No meio do silêncio profundo, uma mulher entra dançando, carrregando um vaso que ela deixa cair no chão e que se espatifa em mil pedaços. Torna-se símbolo do que vai acontecer durante essa sessão. Vivemos antecipadamente o processo da "desconstrução/reconstrução" da dança hermenêutica crítica feminista da libertação. Para nossa surpresa, Elisabeth Schüssler Fiorenza se integra facilmente no grupo das mulheres da Bahia. Junto com elas, a "dança hermenêutica feminista" ganha mais vida e até ritmo de samba.

De volta para a sala de encontro, nós nos sentamos no chão, em roda, a maneira de partilhar o saber popular por aqui. Num primeiro momento da "dança hermenêutica", cada participante se apresenta falando de sua experiência ou da sua identificação com um grupo feminista. Notamos que há várias tendências feministas, algumas mais exclusivas, outras mais inclusivas. Percebemos claramente a diferença entre os grupos centralizados apenas no "gênero" como instrumento binário de dominação que não leva em conta a raça, a classe ou a cultura e quem se articula a partir da "crítica feminista da libertação" contra as estruturas que geram e multiplicam a opressão em nome de sexismo – racismo – classicismo – colonialismo. Mais que uma simples informação ou interpretação, esse primeiro passo da *análise sistêmica* é fundamental para a compreensão do sistema coreográfico das relações de dominação e injustiça às quais as mulheres são submetidas. Determina a maneira de se decidir a favor de uma libertação mais inclusiva ou não.

Para exercitar o segundo passo da "dança hermenêutica", algumas voluntárias são convidadas a "pisar sobre ovos" com tudo o que isso implica em mal-estar e consequências, mas também em significados. Reconhecemos a hermenêutica da suspeita, que identifica o campo minado dos interesses e das estruturas de dominação/opressão, fonte do medo e da ansiedade que nos impedem de caminhar nos caminhos da justiça. As participantes denunciam, entre outros, os preconceitos ligados ao termo "feminismo", o sistema patriarcal que marginaliza as mulheres, a distorção dos estudos feitos sobre as mulheres, o neoliberalismo que acentua cada vez mais o fosso entre os gêneros, as raças, as classes e as culturas. A Bíblia e a religião são percebidas como antifeministas, porque a maioria das ideologias e estereótipos culturais tem ressonância a partir da Bíblia. Ao mesmo tempo, é preciso reconhecer que as construções sociais de cada época, em termos de gênero – raça – classe – cultura, têm influenciado as fórmulas teológicas e interpretações bíblicas, incluindo aquelas que conhecemos hoje.

À noite, somos convidadas para conhecer o candomblé da Bahia, uma das religiões afro-brasileiras que mais se identifica com suas raízes africanas. Em termos de religião matriarcal, não deixa de levantar muitas questões no grupo. Primeiro, representa uma oportunidade para aprofundar a imagem de Deus identificada com o feminino como antítese da paternidade divina transmitida na cultura masculina patriarcal. Logo, percebemos o risco de situar-nos em paralelo com o *status quo* das religiões *kyriocêntricas*, das teorias da androginia, das teologias femininas, quais forem que estejam surgindo das sociedades matriarcais biologicamente inatas, divinamente ordenadas ou socialmente construídas. Daí, a importância deste terceiro passo da *avaliação crítica*. De acordo com Elisabeth Schüssler Fiorenza, permite discernir tanto as tendências de opressão, como também as possibilidades de libertação inscritas nos textos bíblicos, nas lutas contemporâneas, nas novas espiritualidades, a partir das suas ressonâncias e mesmo em nossa maneira de chamar a Deus. Nesse sentido, reforça tanto as estruturas de opressão, bem como os valores e a visão de uma libertação mais inclusiva.

A fim de aprender a reescrever as nossas experiências tanto quanto os textos bíblicos, precisamos de um novo espaço para ultrapassar as fronteiras, sair da rotina, explorar novas oportunidades e abrir nossa visão para uma libertação mais inclusiva. Daí, a necessidade de entrar no quarto movimento da hermenêutica: *a proclamação*. Para isso, cada participante é convidada a calçar "os sapatos" de uma outra, arriscar alguns passos, colocar-se no lugar da outra para tornar-se solidária com sua vida e com suas lutas. Vamos adiante usando esse exercício para reescrever alguns textos bíblicos. Deixamos a nossa imaginação voltar ao passado e nos tornarmos solidárias com as lutas das mulheres da Bíblia em comunhão conosco. A partir da apropriação de Mc 16,3, sobre a visita das mulheres ao túmulo de Jesus: "Elas diziam entre si: 'Quem vai tirar para nós a pedra da entrada do túmulo?'" Entendemos até que ponto o desafio é grande para as mulheres retirarem as "pedras" que as autoridades patriarcais põem no caminho.[18]

O quinto passo da "dança hermenêutica feminista" propõe a *reconstrução* da experiência em relação à nossa situação atual. Trata-se de uma "pedra" das mais pesadas, de acordo com as participantes. Este é o momento da preparação para as eleições gerais. De acordo com a opinião geral, pessoas ou grupos poderosos (coronelismo) controlam ainda o poder político e socioeconômico, principalmente no interior do País. Passamos a tarde toda à procura de como passar do coronelismo para uma verdadeira ética pública na Bahia. Em que as mulheres podem fazer diferença? Partimos de um texto recentemente publicado pelo jornal *O Globo*, que expressa o nosso objetivo: "Na véspera das eleições municipais de 2000, se queremos construir um país onde reinam a justiça, a solidariedade e a igualdade para nós e nossos filhos, devemos lutar por políticas públicas e votar em candidatos que defendem esses valores e a ética pública".[19] No entanto, é de se perguntar: Em que a "dança hermenêutica feminista" pode desempenhar seu papel em relação à ética na política?

Temos a impressão de voltar para as etapas anteriores da *análise sistêmica* e da *suspeita*. As participantes contam histórias sobre as práticas do coronelismo e como têm distorcido o cenário político até agora.[20] O *coronelismo* tem suas raízes

---

[18] SCHÜSSLER FIORENZA, E. *Op. cit.*, p. 53-73.
[19] VARGAS DO AMARAL PEIXOTO, C. "Coronelismo, Enxada e Voto", *Jornal O Globo*, 10/02/01, <www.iets.org.br/article.php3?id_article=496>.
[20] O que é o coronelismo? <http/pt.wikipedia.org/wiki/*Coronelismo*>. O coronelismo é usado para definir a complexa estrutura de poder exercido com hipertrofia privada (a figura do coronel) sobre o poder público (o Estado), tendo como caracteres secundários a fraude eleitoral e a desorganização dos serviços públicos – e abrange todo o sistema político do país. É representado por lideranças possuindo como "linha-mestra" o controle da população; define as escolhas dos eleitores em candidatos por ele indicados. É na Bahia que o coronelismo se mostrou mais forte com Antônio Carlos Magalhães, que conseguiu influenciar a eleição de 95% dos prefeitos no Estado, três senadores e 39% dos deputados baianos no Congresso Nacional.

na tradição patriarcal brasileira e numa estrutura agrária arcaica que estabeleceram um sistema de troca de favores entre os poderes públicos e os chefes locais, considerados como "senhores da terra". A relação entre o coronel e o voto torna-se o símbolo do poder e da corrupção no coração do Brasil urbano contemporâneo. Neste contexto, políticas públicas corruptas invadem o setor privado sob a liderança de "coronéis modernos". Em troca de um voto, tudo se torna possível, por exemplo, conseguir um bom emprego, encontrar uma vaga na escola para seus filhos, cavar um canal para conseguir água potável ou esgoto, ser isento de despesas funerais, ter acesso a uma cirurgia de ligadura de trompas ou favores de qualquer espécie. No fim, como não admitir que cada uma de nós já entrou nessa, num momento ou noutro? Não há mais dúvida, novos paradigmas são necessários para a criação de políticas públicas para uma comunidade mais democrática!

Nessas alturas, a "dança hermenêutica" alcançou seu objetivo e, para encerrar o ápice do *processo de transformação*, incentiva as participantes a se unirem num esforço comum para mudar. Neste último passo, temos de explorar as possibilidades de transformar as relações de dominação deixadas pelo coronelismo. Como nos tornar terreno fértil para a criação de novos valores democráticos em um país cuja tradição política é baseada no clientelismo e na corrupção do poder? Como tornar possível a participação popular e a descentralização do poder do *coronelismo*? Em grupos, em torno dos cacos do vaso quebrado durante a celebração de abertura, buscamos formas concretas de ruptura com o modelo paternalista e centralizador do Estado e seu poder sobre a vida dos indivíduos. Simbolicamente, somos convocadas a reconstruir um novo vaso, reunindo todos os pedaços juntados pelos diferentes grupos. Reconhecemos nossa responsabilidade de devolver à comunidade seu poder de decidir e reforçar seus direitos de cidadania. Ao fazê-lo, podemos entender melhor o que pode significar combinar a prática de uma democracia participativa e uma representação ativa do poder político, a fim de tornar-se responsável por seu próprio destino e de toda a sociedade.

Naquele dia, ao redor do vaso reconstruído, fazemos as devidas conexões. Temos tudo na mão para entender o que Elisabeth Schüssler Fiorenza quer dizer quando fala da "crítica das estruturas patriarcais da sociedade e das Igrejas, de sua libertação e transformação em uma comunidade "de discipulado de iguais". Na verdade, a luta das mulheres na Igreja faz parte da luta pela justiça na sociedade. As Igrejas, como a sociedade, não podem mais continuar a tratar as mulheres como "cidadãs" de segunda classe e ignorar a sua participação responsável. O fato de nos deixarmos levar pelo movimento da "dança hermenêutica feminista crítica da libertação" nos permite continuar labutando na tarefa de passar de uma estrutura multiplicadora de opressão para uma experiência relacional mais inclusiva. Trata-se de sair da dominação patriarcal para entrar na libertação das relações de poder, quebrar as barreiras construídas por aqueles que têm o poder e integrar-se ao horizonte sem fronteiras de uma libertação mais inclusiva.

Naquele dia, ao redor do vaso reconstituído, estamos a fazer os links que são necessários. Temos tudo na mão para compreender o que Elisabeth Schüssler Fiorenza entende por "críticas das estruturas patriarcais da sociedade e das Igrejas" e pela "sua libertação em uma transformação de uma comunidade de 'discípulos de iguais'". De fato, a luta das mulheres nas igrejas é parte da luta pela justiça na sociedade. As igrejas, assim como a sociedade, não pode continuar a tratar as mulheres como "cidadãos" de segunda ordem e ignorar sua participação responsável. O fato de se deixar levar pelo movimento da "dança da hermenêutica crítica feminista da libertação" foi o que nos permitiu trabalhar com essa tarefa, que é ir até um multiplicador de torque, estrutura de opressão de uma experiência relacional mais inclusiva.

A função da hermenêutica e a luta pela libertação

De volta aos meus estudos em São Paulo, procuro uma oportunidade para verificar a pertinência da minha experiência e os conhecimentos adquiridos. Convidada para falar do tema da minha tese: O *Discipulado de iguais no contexto dos pobres da América Latina*, para um grupo de alunos do Instituto de Teologia Paulo VI, em Mogi das Cruzes, uma pergunta chama a minha atenção: "Por que lidar com as lutas feministas enquanto o mundo está morrendo de fome?" Minha resposta surge espontaneamente: como não admitir que as mulheres e as crianças que dependem delas são as mais oprimidas, vivendo sob as opressões do gênero, da classe social, da raça e cor? O que nos caracteriza como teólogas feministas, em relação mesmo aos teólogos da libertação em meio às lutas sociais, é que compartilhamos as mesmas situações de injustiça e opressão que são feitas às outras mulheres. E mais, pela nossa profissão de mulheres teólogas, enfrentamos instituições culturais e religiosas, machistas e patriarcais diante das quais não podemos permanecer neutras, porque "o que vemos depende do lugar onde estamos situadas".[21]

Reconheço, hoje, que a minha resposta foi incompleta e teria exigido um maior aprofundamento. De volta para a casa, continuei me perguntando: Em que a Teologia Feminista da Libertação difere daquela dos teólogos da Teologia da Libertação que fazem da opção pelos pobres a chave da sua tarefa teológica? Que desafio específico enfrenta a crítica feminista a serviço dos pobres na prática de sua libertação? Para responder a essa pergunta, resolvi examinar mais de perto como funcionam, na prática, as duas abordagens hermenêuticas da libertação, seja da Teologia da Libertação ou da Teologia Feminista Crítica da Libertação.

Duas abordagens diferentes

A Teologia da Libertação requer primeiro uma tomada de posição a favor dos pobres. O Deus que fala na Bíblia é o Deus dos oprimidos. São quatro momentos de interpretação: (1) o olhar se fixa sobre a realidade social a partir dos pobres de quem o Deus dos oprimidos toma parte; (2) a fase da suspeita expõe a dura realidade da opressão; (3) após uma tomada de consciência mais profunda, a testemunha confronta esse contratestemunho com os textos bíblicos; (4) finalmente, somente o compromisso com os oprimidos torna possível a promessa da libertação da opressão em nome do Deus dos oprimidos. Para a Teologia da Libertação, a interpretação

---

[21] BROWN MCAFFE, R. *Theology in a New Key: Responding to Liberation Themes*. Philadelphia: Westminster Press, 1978, p. 82.

bíblica deve reconstruir o segundo nível do círculo hermenêutico, a partir da fé bíblica considerada não como o depósito de fé (*depositum fidei*), mas como um processo libertador gerado pela Escritura.[22]

A abordagem das teólogas feministas vai mais longe. Procura compreender sua própria situação de mulher na sociedade e na Igreja como o resultado de uma tendência do próprio sistema teológico androcêntrico. Quando os teólogos da libertação levantam a Bíblia como uma arma na luta pela libertação, eles concluem que "o problema dos pobres tornou-se o problema de Deus".[23] De acordo com a hermenêutica feminista crítica de libertação, um estudo dos próprios textos e do processo bíblico revela, por sua vez, o impacto da opressão e da desumanização na maneira de tratar as mulheres na Bíblia como na vida real. Para as teólogas feministas, não se trata de provar que as mulheres devem defender a autoridade da Bíblia, mas recusar fazer do Deus da Bíblia um Deus que tem alguma coisa a ver com a opressão. Daí a importância de entender a Bíblia não como um arquétipo mítico ou como um modelo, mas como o protótipo de uma transformação histórica em solidariedade com a "memória das mulheres" na história bíblica.

Um estudo da história da unção de Betânia (Mc 14,3-9), com Elisabeth Schüssler Fiorenza, deixa claro que a causa dos pobres e a libertação das estruturas patriarcais estão entrelaçadas no Evangelho.[24] A reprovação mencionada pelo fato "do perfume que poderia ter sido vendido e o dinheiro ser dado aos pobres" (v. 5) e a resposta de

---

[22] SCHÜSSLER FIORENZA, E. *Bread Not Stone, op. cit.*, p. 43-52; SEGUNDO, J. L. *The Liberation of Theology*, p. 8-9.
[23] SCHÜSSLER FIORENZA, E. *Op. cit.*, p. 53-63.
[24] SCHÜSSLER FIORENZA, E. *As origens cristãs, op. cit.*, p. 190; *Idem, Jesus and the Politics of Interpretation*. New York: Continuum, 2000, p. 171-174.

Jesus se identificando com os pobres (v. 6) não dispensa o reconhecimento do gesto profético da mulher e de sua memória (v. 9). Portanto, trata-se de incluir os pobres e as mulheres na mesma realidade para que a palavra de Jesus seja acreditada como palavra de Deus em memória dela. É assim que "a teologia cristã feminista e a interpretação bíblica se apresentam como o processo de descoberta do Evangelho, que não pode ser proclamado se não recordarem a importância das mulheres discípulas e o que elas fizeram".[25]

Assim, a crítica feminista da libertação não é apenas a compreensão dos textos bíblicos e sua interpretação, mas uma práxis diferente da comunidade. Tal prática recusa qualquer leitura da Bíblia que não respeite a dignidade das mulheres ou normas que legitimam a sua condição sob o pretexto de que a opção de Deus pelos pobres implica uma tomada de posição ou um posicionamento teológico a respeitar. A vida das mulheres é parte do texto sagrado apelando para uma audácia hermenêutica. Neste sentido, a crítica feminista de libertação representa uma nova autoridade que rompe com as próprias fronteiras da hermenêutica.[26]

Uma rearticulação do conceito de libertação

Desde o início de meus estudos na Faculdade de Teologia Nossa Senhora da Assunção, em São Paulo, percebi que a Teologia Feminista não era bem-vinda. Até o Centro das Mulheres, inaugurado em 1993, dentro da nossa Faculdade de Teologia, foi transferido em 1986 para o Instituto Metodista de São Bernardo do Campo, SP. Reconstruir um patrimônio

---

[25] SCHÜSSLER FIORENZA, E. *Op. cit.*, p. 10.
[26] SCHÜSSLER FIORENZA, E. *Bread Not Stone. Op. cit.*, p. 141.

enterrado sob o iceberg patriarcal não é uma tarefa fácil para a teologia feminista. Por isso, temos de aproveitar todas as brechas para abrir uma passagem para o novo paradigma.

Participando de um curso de Teologia Feminista em São Bernardo do Campo, assessorado por Lieve Troch, tenho a oportunidade de proceder a revisão da dimensão feminista da minha tese.[27] Um primeiro olhar da Teologia Feminista Crítica da Libertação confirma a solidariedade com as mulheres na Bíblia, bem como na história, superando o paradigma androcêntrico, dando acesso à nova reinterpretação feminista da luta pela libertação e confirmando, por conseguinte, nossas expectativas como mulheres e teólogas. Tal programa serve de grande inspiração, não somente para meu trabalho, mas também na tarefa de contribuir para essa "outra história", para que as mulheres sejam reintegradas na história.

No decorrer do curso, citando Elisabeth Schüssler Fiorenza, Lieve Troch insiste sobre a tarefa urgente da Teologia Feminista em denunciar a ambivalência e a contradição do fundamentalismo cultural, político, ideológico e religioso presente na Bíblia. São estes traços que obscurecem a história da humanidade e transformam a imagem de Deus em poder patriarcal. Em solidariedade com as mulheres do passado e do presente, cujas vidas e lutas são o paradigma das relações humanas marcadas pela injustiça, torna-se necessário romper com os significados impostos pelos modos de pensar e pelos sistemas de valores arcaicos, para acessar uma nova história além do sistema patriarcal. No entanto, este curso não somente me confirmou na rearticulação do meu trabalho, mas

---

[27] TROCH, L. *Curso de métodos de teologia em perspectiva feminista*. São Bernardo do Campo: Universidade Metodista de São Paulo, nov. 2000; *Idem*, "A imagem de Deus – teologia na articulação dos direitos da mulher", *Concilium*, n. 298, 2002, p. 105-114.

também no compromisso de desenvolver uma verdadeira solidariedade para com todas aquelas que escrevem a história da libertação, a fim de que a opressão das mulheres não seja mais aceita em qualquer tradição e em nenhuma cultura.

A escolha de estratégias

No meio do curso, Lieve Troch nos convida a identificar as quatro estratégias do novo paradigma da Teologia Feminista capaz de reinterpretar a luta pela libertação. Segundo a primeira estratégia, a *da conscientização*, leva as mulheres a descobrir a opressão patriarcal e a degradação que marcam os textos bíblicos e as tradições cristãs, bem como o seu dia a dia. Esta estratégia também inclui a *suspeita*, que leva a questionar os pressupostos do senso comum e os discursos teológicos que naturalizam, justificam e mistificam as relações kyriarcais de subordinação, de dominação e de opressão. *Foi* assim, por exemplo, que a mulher de um pastor da Igreja Metodista falou de sua decisão de retirar-se do ministério ordenado. Ela conta que, depois de sua ordenação, viu as pastoras assumirem tarefas e ministérios de segunda classe, enquanto as comunidades e os cursos de maior responsabilidade são reservados aos homens da Igreja. As mulheres pastoras, envolvidas em projetos que não são delas ou fruto de um desenvolvimento de que não tomaram parte, veem seus questionamentos das estruturas patriarcais tratados e mesmo rejeitados com desprezo. O diálogo é difícil também no meio do clero, bem como a transparência e lealdade para com as mulheres que estão a serviço nos diferentes ministérios de Igreja. Esta é uma oportunidade para entender que nem tudo está ganho, mesmo quando as mulheres conquistarem a igualdade de direitos para o ministério ordenado do sacerdócio. O maior desafio está nas relações com o poder patriarcal, porque a opressão e a dominação se infiltraram até no coração de uma pastoral que se diz inclusiva, mas como já se fosse algo adquirido.

Uma segunda estratégia centrou-se, desta vez, sobre *as diferenças* nos textos sagrados e nas tradições, considerando não só a identidade feminina, mas também as suas raízes na raça – cultura – classe – religião. É por essa razão que uma adequada hermenêutica feminista não pode limitar-se a uma avaliação na perspectiva histórico-crítica voltada para o passado. Deve ser construtiva, levando à solidariedade entre as mulheres do passado, do presente e do futuro. Desta vez, questiona-se a prática de quem usa os textos androcêntricos sobre as mulheres na Bíblia para se expressar, fazendo delas "super-heroínas" para salvar a Bíblia. Segundo Lieve Troch, essa abordagem é parte de uma hermenêutica chamada de "Cinderela", que entra no jogo da opressão e da dominação para salvar a situação. A história de Marta e Maria (Lc 10,38-42), por exemplo, apresenta duas mulheres apontando papéis normalmente atribuídos às mulheres: sendo "a serviço" do Senhor ou permanecendo "silenciosas" aos seus pés. De acordo com a segunda estratégia, sugere-se trazer o texto para outra passagem do Evangelho, a fim de desvendar a ambivalência de uma hermenêutica patriarcal e do dualismo androcêntrico, recuperando uma Marta capaz das maiores profissões de fé (Jo 11,27) e uma Maria responsável por um gesto profético de serviço de quem o próprio Jesus vai pedir para fazer, "em memória dela" (Mt 14,9).

A terceira, a estratégia *da igualdade,* recusa ver a doutrina como predeterminada e imutável. Tira sua inspiração na luta pela libertação, para dar voz aos que não têm voz nem vez. Portanto, a reflexão teológica não pode permanecer neutra, desengajada e abstrata, mas porque é feita pelo "discipulado de iguais", deve assumir a prática da solidariedade e da luta ao falar da divindade. Uma das estudantes, que trabalha a questão da linguagem inclusiva nos textos bíblicos e nos hinos litúrgicos, apresenta um dos desafios intelectuais mais difíceis, ou seja, passar de uma hermenêutica da tradição para um espaço hermenêutico que leva em conta o pleno significado e a ressignificação.

Percebemos, então, que a questão da linguagem inclusiva é mais que uma questão de palavras no feminino ou de transformação da maneira de falar da divindade. Supõe, na verdade, uma verdadeira mudança da estrutura patriarcal que mantém as mulheres na invisibilidade e no controle da divindade.

No entanto, não demora muito que as músicas mais conhecidas das nossas comunidades comecem a tomar outro significado. Por exemplo, no canto, *Na terra dos homens pensada em pirâmide*, descobrimos que não somos mesmo mencionadas, como mulheres na base da pirâmide e nem sequer aqui na terra dos homens! E como para resgatar a situação, redigimos uma nova estrofe, na qual as mulheres estão transformando a pirâmide em um círculo de solidariedade e de partilha, capaz de transformar a nossa terra. Nossa indignação aumenta ainda mais na medida em que olhamos para os salmos e para outros textos bíblicos. Com Lieve Troch, aprendemos, pouco a pouco, a fazer o silêncio falar nas entrelinhas da Bíblia. Retomando o texto bíblico de Marta e Maria (Lc 10,38-42), é preciso recriar o que aconteceu entre a visita de Jesus na casa delas até reencontrá-las em Betânia com Lázaro (Jo 11). Maria aprendeu pôr a mão na massa e vai ao encontro de Jesus. Por sua vez, Marta aprendeu a não precisar mais da autoridade masculina para atingir seus fins. Ela encontra o que precisa na sua relação com Jesus, a fim de fazer a mais bela profissão de fé. É assim que podemos encontrar Marta e Maria transformadas em "discipulado de iguais".[28]

A quarta estratégia, a *da libertação*, visa a transformação da nossa visão e da nossa maneira de agir. Exige respeito pelos direitos humanos, pela igualdade, pela autonomia e autodeterminação da humanidade e um mundo a ser transformado. Ela está enraizada na tradição da basileia (tradução grega da expressão "Reino de Deus"), objeto da Boa Nova do Evangelho que Jesus praticou em sua vida. Essa basileia é fermento de uma nova humanidade visando a construção "de uma nova terra e novos céus". Eis por que o "discipulado de iguais" deve ser o discipulado da basileia.[29] De fato, o fio condutor do novo paradigma da hermenêutica feminista crítica da libertação ultrapassa as fronteiras da hermenêutica. Não se trata mais de uma interpretação apenas considerada como uma interpretação da história da salvação a partir dos livros sagrados, mas da redescoberta da história sagrada, a partir da inclusão dos desprezados da terra, homens e mulheres, e de sua solidariedade pela libertação da Terra.

No final deste curso, minha tese começa a ser incorporada à "dança hermenêutica crítica feminista da libertação", articulando o ver – nomear – reconstruir do "discipulado de iguais" como desafios à missão evangelizadora. Percebo o quanto custa nos deixarmos questionar como mulheres na missão! Através do aprofundamento dos desafios, passando pelas quatro dimensões da visão – proclamação

---

[28] SCHÜSSLER FIORENZA, E., *But She Said*. Boston: Beacon Press, 1991, p. 74-75.
[29] SCHÜSSLER FIORENZA, E. (*Discipleship of Equals*), op. cit., p. 12; EICHER, P. *Dicionário de conceitos fundamentais de teologia*: Paulus, 1993, art. "*Reino de Deus*", p. 766.

– reconstrução – transformação, dá para descobrir novos espaços de libertação mais inclusiva para uma nova prática missionária na missão.[30]

No dia da defesa da minha tese, eu recebi a menção especial da banca examinadora por ter escolhido uma abordagem diferente da hermenêutica idealista ocidental, da análise sociopolítica das teologias da libertação ou mesmo do estudo de gênero do feminismo liberal. Percebo então que a Teologia da Libertação Feminista não é apenas portadora da voz das mulheres oprimidas e marginalizadas na luta contra as estruturas opressivas, mas revela também a possibilidade de se libertar a si mesma.

Até então, eu tinha a impressão de que "a dança da hermenêutica crítica feminista da libertação", criada por Elisabeth Schüssler Fiorenza, pudesse ser útil na Pastoral, para identificar melhor as mulheres da Bíblia ou mesmo então dialogar com as demais teólogas e exegetas. Mas, para minha grande surpresa, de volta à Faculdade Nossa Senhora da Assunção, descubro que é minha vez de precisar dela! Com efeito, no final de 2001, ficamos sabendo que o nosso departamento de Missiologia é desfeito e o diretor do departamento, o Padre Paulo Suess, é dispensado.[31] Mais de trinta estudantes de países diferentes são prejudicados. Devemos, portanto, encontrar meios de redefinir o Departamento de Missiologia, reorganizar-nos e escolher um novo supervisor para a defesa da nossa tese.

Eis uma oportunidade para perceber que a teologia feminista é mais que uma chave de interpretação dos textos

---

[30] ST-JEAN, J. *O "Discipulado de iguais" no contexto dos pobres na América Latina*. São Paulo: Centro Universitário Assunção, 2002, Área sistemática – Núcleo de Missiologia, p. 159-172.
[31] Momento estratégico em que a Faculdade de Teologia da FAI se transforma em Centro Universitário Assunção.

bíblicos. É uma maneira de situar-se como mulher perante a luta contra o poder patriarcal. Trata-se, portanto, refazer a trajetória da hermenêutica crítica feminista da libertação para aplicá-la concretamente na vida:

- A "análise sistemática" torna-se uma oportunidade para fortalecer a minha identidade como teóloga feminista.
- A fase da "suspeita" leva a tomar consciência da importância de ficar solidária com o diretor de nosso departamento e participar da reivindicação do nosso grupo sem nos fazer de vítimas.
- A "avaliação crítica" do nosso êxodo ajuda-me a compreender que não há nada imutável a não ser a luta para garantir os nossos direitos nesse mundo patriarcal da teologia.
- A "proclamação" aparece como um exercício de solidariedade com o grupo para exigir os nossos direitos.
- A fase da "reconstrução" como um trampolim para se deslocar da indignação a uma profecia de esperança para a superação desse momento difícil para todos nós.
- A fase de "transformação" como um exercício participativo de maior responsabilidade neste mundo patriarcal da teologia.

Essa experiência levou-me a fazer uma síntese mais abrangente da hermenêutica crítica feminista da libertação, não só em função da minha tese, mas também em qualquer contexto do mundo patriarcal. Naquele dia da defesa da minha tese de mestrado, fortalecendo-me nesse propósito, uma das examinadoras me lembrou de que o maior desafio doravante é aplicar na vida o que eu escrevi.

Quando recordo a missão realizada até agora, vejo desfilar a Igreja dos Pobres que nos fez renascer como mulheres, resgato a Teologia da Libertação que nos formou e a opção pelos pobres que garantiu nossa identidade. Ao descobrir a Teologia Feminista, sentimos a necessidade de exigir mais especificamente uma Teologia Feminista Latino-Americana, uma Teologia Feminista Crítica da Libertação. Foi ela quem nos abriu para a opção pela mulher pobre entre os pobres. Foi ela quem nos despertou para uma espiritualidade, uma hermenêutica e uma ética de libertação mais inclusiva. Chegou agora a aurora de um novo dia que nos convida a compartilhar com outras mulheres os benefícios desta colheita abundante, a fim de que muitos outros possam ter vida em abundância, seus direitos garantidos e sua dignidade reconhecida. Chegou agora a aurora de um novo dia que nos convida a compartilhar com outras mulheres os benefícios desta colheita abundante, a fim de que muitos outros possam ter vida em abundância, seus direitos garantidos e sua dignidade reconhecida.

Capítulo 4

A CONTRIBUIÇÃO DA TEOLOGIA FEMINISTA NA COMUNIDADE E NO MUNDO

Aquelas que, como mulheres, foram excluídas das instituições do conhecimento e do poder devem ser autorizadas a participar na articulação completa do círculo da visão e da recriação do ser humano.[1]

(Elisabeth SCHÜSSLER FIORENZA)

No final dos seus estudos de Teologia, os seminaristas são ordenados sacerdotes. Eles se tornam administradores ou vigários de paróquias ou lhes é atribuído um cargo docente em Teologia. Para nós, as mulheres, que estamos fazendo os mesmos estudos, não é tão simples. É preciso bater

---

[1] SCHÜSSLER FIORENZA, E. *The Power of naming*, op. cit., p. xiii; Idem, *(Discipleship of Equals)*, op. cit., p. 355.

em muitas portas e, na maioria das vezes, resignar-nos a entrar num mundo baseado numa concorrência patriarcal. Nós, as mulheres, muitas vezes, precisamos ser perdoadas por sermos formadas em Teologia. Para mim, felizmente, sou convidada para abrir uma nova missão em Barreiras – BA, na comunidade de Santa Luzia, formada por mais de mil e quinhentas famílias, ocupando esse pedaço de terra no Nordeste do Brasil.

Logo na minha chegada, percebo o quanto a região é diferente de São Paulo. Localizada no extremo oeste do Estado da Bahia, Barreiras é um importante corredor entre o Norte, o Nordeste e o Centro-Oeste, a 853 km de Salvador, capital do estado, e a 622 km de Brasília, a capital do País. Sua posição estratégica e sua organização administrativa lhe valeram o título de capital regional. Porém, Santa Luzia é o bairro onde se encontram os mais pobres e abandonados de Barreiras. Ali, é impossível não sentir a situação do não ter, do não poder, do não saber, do não valer, especialmente em relação às mulheres. Elas são as primeiras na fila dos sem-terra, dos sem-teto, dos sem-emprego, dos sem--direitos e assim lhes falta o pão na mesa, como também para todos aqueles que dependem delas.

Aqui o número de crianças abandonadas à própria sorte é impressionante. A maioria das famílias tem cinco a sete filhos, enfrentando o maior flagelo que possa existir: a fome. Todo dia é uma questão de vida ou morte. Mesmo para aqueles ou aquelas que têm emprego, salário, a situação também é precária, pois lhes faltam os recursos essenciais, o que os leva a passar fome. Mesmo na cidade de Barreiras, é difícil conseguir um emprego sem ter um padrinho influente. Os homens vão para as plantações nos municípios vizinhos de Santo Desidério, de Luís Eduardo

Magalhães ou no próprio cerrado de Barreiras. Muitos deles passam mais de trinta dias longe de casa. Lá mesmo, o jogo e a prostituição esvaziam seus bolsos antes de retornar à casa. Também muitas mulheres vão trabalhar nas plantações, deixando seus filhos com parentes ou vizinhas. Muitas vezes, elas acabam caindo na pior.

No entanto, como chegar até as mulheres que vivem nesta situação, sem dignidade, sem direitos, sem trabalho? Por parte da Igreja, sem dúvida, o mais urgente é construir a comunidade da futura paróquia. Mas as mulheres não podem mais esperar. Trocando ideia sobre o problema com outras religiosas, descubro um grupo de mulheres da Faculdade do Estado (UNEB) do departamento da Educação, interessadas no assunto. De fato, no âmbito da programação desta Universidade, os estudantes têm a obrigação de se envolver em um projeto social junto à comunidade. Maria, coordenadora desse projeto, é feminista. Desde o nosso primeiro encontro, percebo a sua grande sensibilidade em relação à situação das mulheres da nossa comunidade. Com ela e algumas estudantes, após ter examinado a questão mais de perto, vimos a urgência de formar uma cooperativa com as mulheres que querem trabalhar. Na comunidade, há um grupo de bordado, crochê, confecção de joias, pronto para partilhar seus conhecimentos. Iniciamos, portanto, a COMTRA (Cooperativa das Mulheres Trabalhadoras), com mais de sessenta mulheres junto à direção da Universidade que concorda em registrar o grupo.

Foneticamente, COMTRA/CONTRA presta-se a um jogo de palavras. COMTRA significa "estar contra", mas contra o quê? Para as mulheres, não há dúvida. Trata-se de ficar CONTRA o fato de tantas crianças passarem fome, vivendo na total pobreza, de elas terem que atender sozinhas a tantas necessidades, de muitas serem forçadas à prostituição para sobreviver. Juntas, descobrimos que, se estamos "CONTRA" tudo isso, estamos "A FAVOR" de algo mais. Encontra-se, então, a finalidade da COMTRA no fato de a cooperativa ajudar as mulheres a se sensibilizar a respeito de sua própria situação (COM), assumir o seu sustento através desse trabalho comunitário (TRA) e, juntas, sair da opressão e conhecer dias melhores. Maria e as estudantes junto comigo iríamos cuidar da formação da consciência feminista como parte do programa da cooperativa.

Foi assim que, desde o início do projeto, nos deixamos ser desafiadas para constituir uma "humanidade diferente" junto a essas mulheres tão desprezadas. Daí, então, tentamos articular uma "espiritualidade diferente", a fim de dar um novo sentido às nossas vidas. Em nosso esforço para transformar toda a situação, deixamo-nos levar por uma "solidariedade diferente" para construir o "discipulado de iguais". Finalmente, num passo mais abrangente, olhando para a nossa relação com o meio ambiente, percebemos que uma "Terra diferente" é possível. Laços mais profundos vão tecendo-se entre a Teologia Feminista, a busca de uma libertação mais includente e a experiência concreta desse grupo de mulheres de Santa Luzia. Pouco a pouco, inicia-se uma caminhada a três com Elisabeth Schüssler Fiorenza e Ivone Gebara. Convidamos as mulheres a entrar na "dança", fazendo de cada passo um trampolim para dar um novo sentido a suas vidas, na medida em que vão descobrindo, aprofundando e integrando as diferentes dimensões de uma libertação mais inclusiva. Cada passo da "dança hermenêutica crítica feminista da libertação" leva a uma redefinição da caminhada:

REDEFINIÇÃO DA DANÇA HERMENÊUTICA CRÍTICA FEMINISTA
DA LIBERTAÇÃO

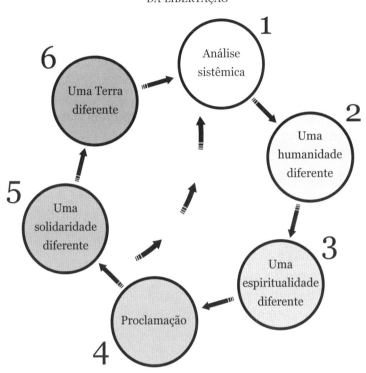

Transformação da humanidade

Uma coisa é inegável: se os teólogos da libertação tentaram dar sentido à construção de uma nova humanidade a partir dos oprimidos, por sua vez, as mulheres da América Latina são as verdadeiras artesãs da Teologia Feminista de uma libertação mais inclusiva. No entanto, a "opção pela mulher pobre como opção pelos pobres" torna-se crucial para a libertação das desprezadas da terra. Depois de ter acompanhado mais de perto Ivone Gebara e Elisabeth Schüssler Fiorenza, vemos melhor como elas concordam com o fato de que a opção pela mulher pobre deve ser recontextualizada para tornar-se uma fonte de inspiração na construção de uma "humanidade diferente".

Para Ivone Gebara, a compreensão da condição humana deve levar em conta os seus direitos na relação com todos os seres, com a Terra, com o cosmos, numa perspectiva de igualdade e interdependência. Deve também levar em conta a realidade de opressão piramidal que impede isso acontecer. Sem esta dupla percepção do universal e do particular, como através de um prisma, não se vislumbra a perspectiva de constituir uma nova humanidade. É por isso que a tarefa da Teologia Feminista da Libertação requer que as teólogas estejam presentes na vida das mulheres, a fim de garantir que elas tenham acesso, não só à história, mas à consciência da história.[2]

Da mesma forma, Elisabeth Schüssler Fiorenza convida-nos a dar um passo a mais quando ela sugere o processo da "análise sistêmica", a fim de situar as mulheres e, mais importante ainda, que o façam elas mesmas. Daí, a importância da "hermenêutica da suspeita", que levanta o desafio não somente da situação sempre crescente de injustiça, mas também da outra situação de injustiça que surge do autoritarismo, da submissão e da desumanização existente em todas as partes constantemente repetidas. Assim, percebe-se que novos espaços de articulação são indispensáveis para que aconteça uma mudança de visão, inspirando uma libertação mais inclusiva.[3]

---

[2] GEBARA, I. *Teologia em ritmo de mulher*. São Paulo: Paulinas, 1994, p. 30-33. Para Gebara, segundo os pontos 1-2 da sua hermenêutica, é necessário estar consciente não somente de uma situação, mas também das causas que levam a essa situação.

[3] SCHÜSSLER FIORENZA, E. *Wisdom Ways*, op. cit., p. 172-177; Idem, *(Discipleships of Equals)*, op. cit., p. 335.

Profetismo das mulheres pobres

É aqui que a experiência concreta deste grupo de mulheres de Santa Luzia torna-se muito importante. Para nós não há mais dúvida, as mulheres pobres são profetas de uma nova humanidade. Como assim? O que elas denunciam? Em que elas são portadoras de uma nova humanidade? O que denunciam? Quais são as mediações com que podem contar? Quais são os desafios enfrentados para uma libertação mais inclusiva e sua realização na história?

Primeiro, as mulheres pobres nos interpelam. Elas constituem mesmo a raiz da comunidade nascendo por aqui, mas falam mais forte ainda perante sua cruel realidade no coração da Bahia. Sua presença e resistência são indispensáveis nessa luta pela libertação. Ante os questionamentos que surgem por todos os lados, confirma-se que tal situação não pode continuar. Os seus direitos à terra, à casa, ao trabalho, ao pão não podem mais depender do poder patriarcal, do fazendeiro, do proprietário, do chefe, do pai, do homem a serviço da globalização. Com as mulheres pobres, não há necessidade de grande discurso para começar a repensar a vida de forma diferente. Primeiro, torna-se necessário que elas possam situar-se e se identificar. Um projeto como a COMTRA demonstra claramente sua capacidade de reinventar a vida, como profetas de uma nova humanidade.

Temos de admitir que é justamente por causa da situação desumana dessas mulheres que esse grupo, vindo a seu socorro, está se organizando. Ao mesmo tempo, percebemos por parte das mulheres, das feministas e teólogas da comunidade uma vontade de metanoia. É preciso que as relações de opressão, de exclusão e dominação mudem para construirmos novas relações de partilha, de reciprocidade e respeito pela integridade humana. Mas como realizar concretamente esta transformação? É colocando a mão na massa que ocorre o processo. Desde o início, percebemos nas professoras e estudantes uma mesma preocupação de chegar até as mulheres abandonadas. A partir desse momento, as forças se unem, mas deixando que as mulheres assumam o comando. Os preconceitos caem, a solidariedade se manifesta, o saber das mulheres pobres se multiplica. A direção da própria universidade entra em jogo. Já na primeira etapa do projeto uma mudança de visão ocorre e começamos a enxergar as mulheres de maneira diferente. A prova disso é o enunciado da missão dando sentido à cooperativa COMTRA:

> Queremos uma cooperativa diferente, baseada não na concorrência e produtividade, mas na reciprocidade e na solidariedade para reconstruir o tecido de nossas vidas, lutar juntas, compartilhar nosso saber e repartir o pão de cada dia.[4]

Em primeiro lugar, tornou-se indispensável que as mulheres e a comunidade pudessem envolver-se numa estratégia comum, não somente capaz de mudar a sua visão, mas de construir essa nova humanidade que faz diferença, sendo mais coerente, mais solidária, mais responsável, mais profética. Foi a partir daí que começamos a enxergar melhor os desafios de tal projeto para a realização de uma libertação mais inclusiva. Logo, na primeira fase da "conscientização", tentamos respeitar o ritmo das mulheres que se apresentam. Algumas vêm para desenvolver uma habilidade, outras para

---

[4] Enunciado de missão redigido pela equipe responsável pela COMTRA e retificado depois pelas mulheres da cooperativa.

se beneficiar, mas o maior número é daquelas que querem sair de si para transformar sua situação de mulheres exploradas, abusadas, desesperadas. Dia após dia, à medida que a cooperativa se fortalece, vemos as mulheres transformar a maneira de se entrosar, de se vestir, aumentando sua autoconfiança e sentido de pertença ao grupo. Juntamente cresce também o número de crianças acompanhando as mães. Foi preciso improvisar com urgência atividades e oferecer lanche, apelando para novos recursos. Enquanto pensamos em uma parceria com outras cooperativas por aqui para financiar o início da nossa, umas iniciativas surgem da parte de outros grupos de mulheres, oferecendo ajuda para revender nossa produção.[5]

Articulação de uma espiritualidade diferente

Nossa capacidade de transformar a vida numa realidade mais humana levou-nos a trilhar uma espiritualidade diferente. Como vimos anteriormente, Ivone Gebara fala da importância de conectar as pessoas entre si, com a Terra e com Deus, convidando a dar sentido à vida, de modo que faça a diferença. Por sua vez, Elisabeth Schüssler Fiorenza salienta a obrigação de transformar a tradição patriarcal da Bíblia, mantendo-se fiel à sua mensagem libertadora por um mundo livre de suas projeções de dominação e desumanização. Para as mulheres pobres, a espiritualidade se assemelha aos fios de uma teia, sem começo e sem fim, ensinando que tudo está ligado, capaz de dar consistência ao cotidiano, além de

---

[5] Conseguimos o apoio da COOTRABA e também da CODOVASP.

ser a força da nossa união com Deus na luta pela libertação. Com certeza, o surgimento de uma espiritualidade tão diferente daquela que se conhece desde sempre leva a uma dimensão mais abrangente de sua libertação.

"A hermenêutica feminista é uma nova maneira de compreender 'Deus'",[6] disse Gebara. Daí a importância de superar não somente a estrutura rígida das religiões patriarcais, mas também as que estão enraigadas no próprio feminino patriarcal, pois se trata apenas de uma feminização de certos conceitos e deixa intocada a estrutura fundamental da dominação que está por trás. Portanto, torna-se indispensável falar de Deus de forma diferente e repensar os símbolos religiosos de maneira mais inclusiva numa perspectiva de igualdade e libertação.

Percebemos que a hermenêutica feminista não é apenas uma outra leitura da Bíblia. É preciso promover uma integração da luta contra a legitimação da injustiça. Gebara vai mais longe quando fala da espiritualidade do ecofeminismo, parceira da ecojustiça, que pode unir as religiões, povos e culturas em defesa da vida e da salvação da Terra.

Para Elisabeth Schüssler Fiorenza, é impossível falar de espiritualidade sem reinterpretar as Escrituras para abrir novas perspectivas para as religiões bíblicas.[7] Ela insiste numa busca de sentido capaz de alterar a justificação das estruturas *kyriarcais* e, por conseguinte, orientar a visão para uma libertação mais inclusiva. De antemão, sabemos que se referindo à autoridade canônica das Escrituras e das tradições (*auctoritas*), a autoridade do pai, senhor, mestre, exige obediência,

---

[6] GEBARA, I. *Teologia em ritmo de mulher, op. cit.*, p. 33-36. Os pontos 3-4-5 apontam para uma redefinição da espiritualidade.
[7] SCHÜSSLER FIORENZA, E. *Wisdom Ways*, p. 178-179; Idem, (*Discipleship of Equals*) *op. cit.*, p. 93-94.

submissão e consentimento. Referindo-se à pluralidade de ética, é possível "permitir" (*augere*) – no sentido de "crescer" –, convidando ao discernimento, ao debate, à escolha, a uma mudança de visão, a uma transformação do poder patriarcal das tendências dos escritos bíblicos. Libertar a tradição patriarcal da Bíblia, a fim de manter-se fiel à sua mensagem libertadora, requer uma linguagem mais inclusiva, abre espaço para um discernimento mais autêntico e desperta para novos horizontes de uma espiritualidade diferente.

No coração do projeto da cooperativa COMTRA, as mulheres compartilham a herança espiritual que alimenta seu cotidiano. Esta segunda fase do projeto demonstra que se trata de uma cooperativa diferente. Pouco a pouco, como um fio condutor, a espiritualidade une as religiões e atravessa as culturas, tornando-se parte do tecido da cooperativa. Desde o início, as mulheres católicas insistem em rezar o terço todos os dias. Por sua vez, as mulheres evangélicas exigem a leitura da Bíblia. Com o passar do tempo, elas terminam entendendo-se sobre uma passagem bíblica que dá sentido a uma dezena do terço. Em outro momento, elas são também convidadas a partilhar seus conhecimentos da Bíblia e sua devoção a Maria. Gradualmente, uma espiritualidade mais inclusiva transforma textos e símbolos religiosos em um maior respeito pelas culturas e religiões. Ao fazê-lo, a cooperativa contribui para a liberação da espiritualidade e uma libertação mais inclusiva acaba ganhando toda a comunidade. Uma nova corrente é formada à imagem da cooperativa e uma espiritualidade diferente se articula a partir da comunhão de nossas diferenças.

Em certos momentos, o importante é estarmos juntas; em outros, é a luta pelo pão de cada dia e a transformação que pressupõe uma atitude mais responsável, mobilizando todas as energias. Porém, cada vez mais, a mesma experiência espiritual une o grupo e se consolida no coração da cooperativa, onde culturas e religiões se entrelaçam para nomear Deus de forma diferente. Mulheres, teólogas e feministas descobrem que a verdadeira espiritualidade é muito mais que um momento ou um cantinho de oração, muito mais que uma simples devoção e mesmo muito mais que a aceitação das nossas diferenças em resposta à mensagem libertadora ou a novos símbolos religiosos. Com o passar do tempo, a cooperativa reconhece a contribuição essencial da comunidade que, por sua vez, admite a importância da dimensão mais inclusiva da espiritualidade.

Esta "espiritualidade diferente" não existe sem trazer uma dimensão mais abrangente de libertação. Nomear Deus numa perspectiva feminista mais inclusiva é experimentar sua mediação dentro de nós e entre nós. A espiritualidade é instrumento de comunhão. Percebemos que se trata de uma tarefa comum a todas as religiões, crenças e culturas, chamadas a assumir a humanidade à luz de uma comunhão indissolúvel, com total responsabilidade e respeito pelo Corpo Vivo que nós construímos. No entanto, esta espiritualidade diferente, que transforma a humanidade, não nos faz sonhar com um mundo irreal, mas nos torna mais solidárias para a realização efetiva da libertação.

Construção de uma solidariedade diferente

Como vimos, a Teologia Feminista partilha com a Teologia da Libertação os mesmos fundamentos da solidariedade que nasce da compaixão para com os pobres e abraça sua caminhada libertadora. Porém, a crítica feminista requer o surgimento de uma solidariedade diferente, a partir da experiência das mulheres lutando na base da pirâmide kyriarcal, para que a valorização da vida e sua dignidade sejam devolvidas àquelas que, muitas vezes, são consideradas não pessoas.

Eis porque, do ponto de vista da hermenêutica feminista, Ivone Gebara recomenda não se contentar com uma feminização do discurso da hierarquia patriarcal e das lutas sociais, mas ir além. Ela sugere empreender políticas capazes de denunciar as bases econômicas e antropológicas que justificam a injustiça, de questionar esse dualismo na tradição cristã que culpa o corpo da mulher e se posicionar claramente contra a corrente da ética patriarcal.[8] De acordo com a hermenêutica do ecofeminismo, Gebara, falando da ecojustiça, convida as mulheres a participar do processo de salvar a Terra e defender a vida.[9] Portanto, é a partir de seu contexto vital que cada grupo humano se sente chamado a reconstruir o novo tecido da solidariedade, para a realização efetiva da libertação, e não mais a partir de uma visão utilitarista que coloca o homem no centro de um mundo para dominar.

Neste momento de reconstrução, segundo Elisabeth Schüssler Fiorenza, trata-se de escrever uma outra história em solidariedade com as mulheres do passado e do presente, em cujas vidas e lutas encontrem sua ressonância entre as que querem atuar como "discipulado de iguais". Daí, a nossa proposta para ampliar o campo da reconstrução hermenêutica.[10] No entanto, a atualização da dança her-

---

[8] GEBARA, I. *Teologia em ritmo de mulher. Op. cit.*, p. 36-38. Os pontos 6-7-8 da hermenêutica feminista apresentam um processo diferente para operar uma transformação eticossocial mais profunda.
[9] GEBARA, I. *Teologia ecofeminista, op. cit.*, p. 78-81; Idem, *Longing for Running Water, op. cit.*, p. 59-61.
[10] SCHÜSSLER FIORENZA. E. *Wisdom Ways, op. cit.*, p. 185-186; Idem, *(Discipleship of Equals), op. cit.*, p. 230.

menêutica crítica feminista envolve três fases enraizadas no processo anterior da análise sistêmica, da suspeita e da avaliação histórico-crítica:

- Em primeiro lugar, temos de admitir que as mulheres estão presentes e ativas na história, a não ser que se prove o contrário.
- Quando sua presença é ignorada ou são impedidas de participar, há "suspeita" de uma ação *kyriarcal*.
- Finalmente, a fim de contribuir para a reconstrução do sentido, as mulheres devem resgatar o passsado e tomar posse da sua herança, não sendo mais submissas ao poder da dominação, mas solidárias com a luta das mulheres para uma libertação mais inclusiva na história.

Dentro da cooperativa, a partir da solidariedade, realiza-se uma inversão de papéis: são as mulheres da comunidade que estão à frente da cooperativa e os estudantes da residência social da UNEB a serviço da cooperativa. Nesta terceira fase do projeto, as mulheres percebem não somente a dimensão de suas necessidades, mas se solidarizam para encontrar a solução. Diante da carência alimentar, é feito um apelo aos estudantes de agronomia para a criação de hortas comunitárias projetadas pela Pastoral da Criança. Em resposta a uma outra necessidade das mulheres, os estudantes de Pedagogia organizam uma dúzia de grupos de alfabetização e se dispõem a acompanhar as educadoras do bairrro encarregadas das turmas de alfabetização. Os estudantes em informática oferecem cursos para auxiliar na alfabetização desses adultos. Planeja-se, num futuro a longo prazo, a construção de uma creche comunitária para acolher as crianças que acompanham suas mães na cooperativa. Encontros são organizados em colaboração com a Pastoral Familiar, o Centro dos Direitos Humanos e dos Direitos da Criança e dos Adolescentes, com as equipes SOS e dos Serviços Municipais de Saúde, para as mulheres tomarem parte de maneira mais responsável nas soluções dos problemas diante dos abusos e das violências relacionados ao casal e à família, seja tradicional, monoparental ou de uniões extraconjugais.

Nossa marcha de solidariedade a três (a Cooperativa – a Comunidade – a Universidade) leva em conta também as questões mais amplas da fome, da desumanização e da violência que dominam a Terra e freiam a dança da vida. Nossa solidariedade é solicitada por todos os lados. Percebemos a importância de um compromisso que vai além de um momento de compaixão. Remar contra a corrente da ética patriarcal no processo da defesa da vida, reconquistar sua herança como mulheres e discipulado de iguais, reconstruir o tecido da solidariedade exigem não somente uma mudança da hermenêutica patriarcal, mas também uma libertação mais inclusiva. Eis porque a Teologia Feminista da Libertação nos convida a dar mais um passo além da simples justiça social.

Vimos antes que somente uma solidariedade diferente, capaz de nos colocar em sintonia com a ecojustiça, pode ensinar-nos a dançar no mesmo ritmo e nos levar a criar uma nova estratégia que está em gestação no mais profundo da própria Terra. Em solidariedade com as mulheres bíblicas e as mulheres pobres, entendemos que a Terra deve ser interpretada de uma nova maneira para ser integrada no processo de libertação.

Integração de uma Terra diferente no processo de libertação

Afirmar a nossa ligação com a terra, onde criamos raízes, é formar com ela um só corpo de maneira responsável como seres de relação. Dar esse passo exige, por um lado, uma maior integração da humanidade com a terra e, por outro, supõe uma integração da terra no processo de libertação. Para a Teologia Feminista, a reintegração de mais da metade da humanidade em sua relação com a terra, vista de outra maneira que um direito de dominar, representa uma responsabilidade. Abre para uma dimensão inédita na compreensão do ser humano no e com o mundo. Para fazer isso, Ivone Gebara propõe ir além da ética holística e fala da interdependência das relações e da biodiversidade das religiões. Elisabeth Schüssler Fiorenza, por sua vez, oferece a hermenêutica da transformação para imaginar um futuro mais justo e romper com os limites da nossa visão do passado e do presente.

Para as mulheres pobres da COMTRA, aprender a conviver com a terra, mudar seus hábitos, buscar novas soluções e educar-se para acolher o diferente abre para a experiência da interdependência, até mesmo nos confins do Estado da Bahia. Para isso, é necessário que cada uma, pessoal e solidariamente, redescubra seus laços com a terra. Este passo é indispensável para conseguir uma libertação mais inclusiva da humanidade e será um marco na história.

Com Ivone Gebara, a última etapa da hermenêutica feminista abre-se para um número infinito de outros passos a dar em virtude da interdependência, não só das partes com a totalidade, mas também das partes entre si.[11] A partir do

---

[11] GEBARA, I. *Teologia em ritmo de mulher*, op. cit., p. 38, n. 9. Segundo a autora, esse último passo da hermenêutica feminista trata da experiência holística comum a todos os seres humanos.

nono passo da hermenêutica feminista, a autora fala também de um novo tipo de ecumenismo. Este faz parte dos elementos fundamentais para a transformação da libertação e de sua realização na história. Na perspectiva do ecofeminismo, a biodiversidade das religiões apresenta-se como milhares de maneiras que dão sentido à vida. Mas, como na biodiversidade dos ecossistemas, algumas experiências de libertação se harmonizam, outras entram em conflito, outras se excluem mutuamente. É por isso que as múltiplas experiências vividas, não apenas como diferenças, mas como formas diferentes de relacionamento, são vitais e essenciais para a expressão da vida com toda a sua riqueza.

Para Elisabeth Schüssler Fiorenza, o processo crítico da dança hermenêutica atingiu o seu ápice com a transformação das relações de dominação, inserida nos textos, nas tradições e na vida de todos os dias. É por esse motivo que ela se propõe analisar o passado e o presente à luz da visão projetada, em vista de uma nova humanidade, de uma nova espiritualidade e uma nova solidariedade para construir uma nova terra.[12] No entanto, é preciso uma maior sabedoria para distinguir o que é libertador e o que é opressivo. Esta sabedoria é necessária na vida quando nos engajamos na luta para uma libertação mais inclusiva, a fim de concretizar a visão de um futuro aberto para uma maior justiça.

As mulheres pobres da COMTRA não demoram em entender a importância de se levar em conta as outras dimensões indispensáveis para a dignidade da vida humana na relação com a terra. A quarta fase do projeto é estratégica, pois permite verificar a contribuição da Teologia Feminista não só no re-

---

[12] SCHÜSSLER FIORENZA, E. *Wisdom Ways, op. cit.*, p. 186-189. Perspectiva libertadora da hermenêutica crítica da libertação, na qual a visão de um futuro de maior justiça tem mais força do que a própria análise crítica do texto.

sultado da cooperativa, mas também no processo mais abrangente de libertação. Para essas mulheres, passar da invasão para a ocupação da terra já foi um grande passo. Mas aprender a conviver com a terra representa um desafio ainda maior, porque tem que se desfazer de seus velhos hábitos de implorar por comida, para o exercício do cultivo e da preservação da terra de onde tira o pão de cada dia. Tem que aprender a proteger as águas do São Francisco, ameaçadas pela seca, e lutar contra o poder opressor do agronegócio que acaba com a vida em sua raiz. Devemos aprender a nos relacionar diferentemente entre nós e com a terra como se fosse um corpo de que somos solidariamente interdependentes.

Muitas mulheres que trabalham na cooperativa têm um ou dois filhos em idade escolar. Estes participam do *Centro Cata-Vento* da comunidade, cuja missão é retirar os jovens da rua, antes ou após as aulas. Uma das condições inegociáveis para fazer parte desse centro é parar de mendigar nas ruas. No entanto, isso é dificilmente respeitado, mesmo que as famílias queiram deixar de ser um fardo para os outros, assumindo a sua responsabilidade junto às famílias e à comunidade para cultivar a terra, a fim de suprir as suas necessidades.

Sobre as paredes do salão comunitário de Santa Luzia onde se encontram as mulheres da cooperativa, o cartaz da Campanha da Fraternidade 2004 chama atenção: ÁGUA, FONTE DE VIDA.[13] No meio de uma conversa, ressurgiu o problema da escassez de água, aqui no bairro, um problema tão grave como o da fome. A origem dessa deficiência está num dos pontos estratégicos do abastecimento de água potável: o rio São Francisco, do qual o Rio Grande

---

[13] Ver www.cf.org.br/cf2004/concurso.php. A Campanha não quer apenas discutir a miséria, mas também despertar para uma conscientização da tragédia vivida com a falta d'água pelas populações mais miseráveis da terra.

de Barreiras é afluente. O grande rio está ameaçado por grandes barragens, pelo desmatamento de suas margens, pelos projetos de irrigação e pela poluição. Nós sabemos de fontes confiáveis: os políticos e os latifundiários têm usado a seca em nome dos pobres para desviar o curso do Rio São Francisco, a fim de colocá-lo a serviço de projetos de grandes multinacionais. Isso é feito em detrimento dos interesses e das necessidades de milhões de pessoas para as quais a água faz falta. Naquele dia, cada uma das mulheres recebe um filtro para filtrar a água de sua casa e beber. Esta água se torna símbolo não só da fonte da vida, mas da sobrevivência da terra, da qual fazemos parte.

Já dissemos que algumas mulheres voltavam para casa decepcionadas com o trabalho nas plantações do agronegócio. Também estavam mais pobres que antes e, às vezes, completamente esgotadas. Para nós, as mulheres da cooperativa, ficávamos cada vez mais convencidas de que a globalização não é apenas uma abertura sem fronteiras, como se dizia, mas também uma ideologia que transforma a água, a terra, a floresta em mercadorias para serem compradas e vendidas, que podem ser exploradas e abusadas como fazem com o corpo das mulheres. A partir dessa experiência, as coisas se tornam mais claras: o patriarcado capitalista continua a manifestar-se com a mesma lógica criminosa e destruidora, através do poder machista opressor e totalitário do agronegócio, que também ataca a fecundidade do corpo vivo da terra. Para enfrentar essa situação, é necessário conhecer não apenas o impacto da crise sobre as mulheres e suas famílias, mas principalmente desenvolver os conhecimentos e as práticas das mulheres da COMTRA como uma estratégia de sobrevivência. É preciso, portanto, aprender a nos articular de outra forma entre nós, com todos e com a terra, como um corpo no qual as mulheres se tornam interdependentes.

Enquanto a cooperativa está se formando, a equipe dirigente se pergunta: que vínculos estão sendo construídos aqui? Em que Ivone Gebara pode ajudar-nos transformando nossa relação com a terra? Em que Elisabeth Schüssler Fiorenza pode ajudar-nos enfrentando o desafio de transformar as relações de dominação? Em que as mulheres pobres podem ser profetas de uma nova humanidade?

Em busca de respostas a essas perguntas, já podemos ver que, através de todos os laços criados pela COMTRA, surge a esperança de uma humanidade diferente a caminho de uma espiritualidade diferente. A solidariedade que nos torna capazes de fazer parte da terra é, portanto, indispensável. Realmente, o fato de entrar na tarefa teológica e na ação libertadora da Teologia Feminista Crítica da Libertação nos torna mais solidárias para com as mulheres como "discipulado de iguais", agindo na história. O caminho percorrido pela Teologia Feminista da Libertação, a opção pela mulher pobre e nossa história, emergindo da terra, tornaram-se uma "história sagrada". Deve-se admitir que são as mulheres pobres entre os pobres a quem devemos o fato de que a Teologia Feminista parece agora essencial para alcançar a realização de uma libertação mais inclusiva na história.

Tenho de voltar para o Canadá, mas uma das monitoras da cooperativa me escreve: "como planejamos, o projeto continua e as mulheres se encontram. Não vamos deixar morrer a semente que foi plantada [...]. Mãos na massa, estamos motivadas e determinadas pela abertura oficial da COMTRA".[14] Mas os obstáculos não faltam! Com a Universidade que entra

---

[14] E-mail pessoal recebido de Nedjma Brandão, agosto, 2004.

em greve, a ameaça de uma seca prolongada na região e minha transferência para o Canadá, eu me pergunto se o futuro da cooperativa não está comprometido. Porém, como através de um prisma, a COMTRA tornou-se um meio para transformar a vida das mulheres e, através delas, toda a comunidade. Portanto, uma humanidade diferente, uma espiritualidade diferente, uma solidariedade diferente, uma terra diferente são possíveis! Porém, esta mudança foi efetuada tendo em vista uma libertação mais inclusiva, sujeita a algumas condições, entre outras:

- que as próprias mulheres sejam as construtoras da cooperativa e não apenas benificiárias;
- que o projeto seja a serviço do seu ganha-pão e do desenvolvimento integral das mulheres;
- que a solidariedade seja indispensável entre as mulheres e entre todos aqueles que lutam juntos por seus direitos e dignidade.

Chegou a hora de desafiar a comunidade para assumir seu compromissso e garantir a realização dessas condições.

Rumo a uma Mãe Terra mais inclusiva

No Canadá, no coração da minha busca teológica,[15] continuo carregando na minha solidariedade o grupo das mulheres da COMTRA de Barreiras. Enquanto a minha reflexão se situa em um nível mais global, acabo descobrindo,

---

[15] ST-JEAN, J. *De la mer qui nous sépare à une Terre-mère de libération plus inclusive. La contribution incontournable de la théologie féministe*. Monografia de Licença em Teologia sob a direção de Carolyn Sharp, Université Saint-Paul, Ottawa, 2006.

através de vários eventos, que a situação de opressão das mulheres e suas lutas tornaram-se também uma prioridade para as instituições internacionais.

Assim, por exemplo, o Fundo de Desenvolvimento das Nações Unidas para a Mulher (UNIFEM) prossegue com uma campanha desde 1976 para a concretização de objetivos estratégicos, a fim de reduzir a pobreza feminizada e dar um fim à violência contra as mulheres, revertendo a expansão de HIV / AIDS e alcançar a igualdade de gênero no contexto de um governo mais democrático. Em outras palavras, para UNIFEM, melhorar a situação das mulheres é "fazer avançar a humanidade".[16]

A *Declaração de Beijing* (1995),[17] a partir da 4ª Conferência Mundial sobre a Mulher, reflete o compromisso da comunidade internacional para a promoção da mulher e da implementação do programa de ação aplicada a todas as políticas e a todos os programas, seja em nível regional, nacional ou internacional. Consequentemente, requer mudanças de valores, atitudes, práticas e prioridades em todos os níveis. Ele retoma o slogan do Fórum das ONG: "Porque o mundo está mudando, temos de olhar através dos olhos das mulheres".[18] Abrindo o século XXI, a *Declaração do Milênio*[19] visa a erradicação da extrema pobreza como meta a atingir antes do ano de 2015.

A Marcha Mundial das Mulheres, em 2000, assume uma posição radical contra o patriarcado e a globalização: "Sem o feminismo, um novo mundo é impossível e, sem mudar o mundo, é impossível mudar a vida das

---

[16] UNIFEM: <www.unifem.org/about/brochure.php?lang=fre>.
[17] Ver <www.unesco.org/education/nfsunesco/pdf/BEIJIN_F.PDF>. Plano de ação de *Beijing*, 1995.
[18] AFARD/AAWORD (org.). *Genres et politiques néolibérales*, Rabat, 2006, p. 99.
[19] Ver <http://www.aidh.org/mill/decl_millen.htm>. *Declaração do Milênio*.

mulheres".[20] Mais recentemente, a *Convenção sobre a eliminação de todas as formas de discriminação contra as mulheres* (CEDEF), ratificada em 2005, estabelece as bases para a concretização da igualdade entre os homens e as mulheres, garantindo uma igualdade de acesso e oportunidades iguais na vida política e pública, em educação, saúde e emprego. De alguma forma, torna-se a carta dos direitos humanos das mulheres.[21]

Em todo o mundo, grandes projetos são implantados, de fato, visando o desenvolvimento social e sustentável da humanidade. No entanto, muitas mulheres deles não participam, a desigualdade aumenta cada vez mais. No Congresso de Interajuda Missionária, em Montreal, no Canadá, em 2008, comemorando o 60° aniversário da Declaração dos Direitos Humanos, Luz Piedad Caicedo, pesquisadora das Corporações Humanas, ilustra concretamente o impacto da militarização das estruturas nacionais, depois do 11 de setembro, sobre os direitos das mulheres na Colômbia. Essa militarização causa feminização da pobreza e da violência.[22] Por sua vez, Ivone Gebara manifesta sua preocupação com o pensamento único na sociedade na América Latina. Ele nos alerta do perigo eminente de uma religião sem teologia, sendo um instrumento de consumo, a mais, a serviço da globalização. "A libertação pode ser encontrada a partir das nossas vulnerabilidades e de nossa interdependência",[23] diz ela.

---

[20] AFARD/AAWORD (org.). *Op. cit.*, p. 112.
[21] CEDEF. <www.pch.gc.ca/progs/pdp-hrp/docs/cedaw/cedawfacts_f.cfm>.
[22] PIEDAD CAICEDO, L. "Défendre les droits humains: pourquoi au juste?", *L'EMI en bref*, n. 48, oct. 2008, p. 2.
[23] GEBARA, I. *De la théologie de la libération à la libération de la théologie*, *L'EMI en bref*, n. 48, oct. 2008, p. 2.

Desafio do multiculturalismo

Ao olhar atentamente para essa ambivalência, descobri o surgimento do multiculturalismo, que vai muito mais além do que foi proposto na Lei sobre o Multiculturalismo Canadense, em 1988.[24] O multiculturalismo que aparece através da globalização funciona como uma macrocultura definida pela elite. Trata exaustivamente o ser humano como um " ser-para-o-mercado" em vista do consumo cultural.[25] Esta abordagem levanta, sem dúvida, novas questões críticas: como devemos entender o multiculturalismo? Sob as declarações políticas que o apoiam, será que não se escondem formas eficazes de dominação e exclusão social? Sob as declarações políticas que o apoiam, será que não se escondem formas eficazes de dominação e exclusão social? O multiculturalismo é bom para as mulheres?

Uma primeira tentativa de pesquisa me leva a definir o multiculturalismo como:

- um "fato social", marcado pelo aparente crescimento das diferenças culturais;
- um "projeto político", com objetivo de garantir não somente os direitos à igualdade, mas também o reconhecimento das diferenças;
- um "debate filosófico", caracterizado por uma discussão crítica com base no valor universal da igualdade e mais especificamente da autenticidade.[26]

---

[24] Ver: <www.tlfq.ulaval.ca/axl/amnord/cnd-loi-multiculturalisme1988.htm>. Lei canadense sobre o multiculturalismo. Ver também: <http://agora.qc.ca/mot.nsf/Dossiers/Multiculturalisme>, por uma definição do multiculturalismo, no Canadá como também no mundo.

[25] GEBARA, I. *Fragile liberté*. Montréal: Médiapaul, 2005, p. 99.

[26] GUÉRARD DE LATOUR, S. "Multiculturalisme", em V. BOURDEAU, e R. MERRILL, (dir.), *DicoPo, Dictionnaire de théorie politique*: <http://www.dicopo.org/spip.php?article90>, p. 1-3.

No entanto, o multiculturalismo foi criticado de várias formas. Descobriu-se que precisava relativizar e questionar os princípios de funcionamento das culturas dominantes e minoritárias, se quiser construir uma cultura comum mais aberta, mais crítica, mais democrática e mais igualitária. Zygmunt Bauman, sociólogo da Universidade de Leeds, na Inglaterra, denuncia o multiculturalismo como a explosão do liberalismo, em que tudo é permitido, desde que se beneficie a economia de mercado. Neste sistema, uma espécie de denominador comum unifica as diferenças por exclusão ou por integração no discurso da economia global. A primeira linha de defesa do multiculturalismo integrado, desencadeada por João Rawkls, filósofo liberal americano, denuncia o universalismo abstrato do liberalismo e insiste numa "política da diferença", a fim de favorecer a representação política dos grupos dominados. Por seu lado, Charles Taylor, filósofo e cientista político canadense, defende as políticas multiculturalistas e a fórmula de uma "política de reconhecimento" em resposta a uma necessidade humana vital. David Miller tenta conciliar o nacionalismo e o liberalismo, a fim de repensar as questões do multiculturalismo. Will Kymlicka, filósofo canadense, apresenta um novo conceito de pertença cultural. Michel Wieviorka, sociólogo francês, concorda nesse sentido. Ele oferece o "triângulo da diferença", que privilegia a identidade coletiva, o individualismo moderno e a possibilidade de existir como sujeito.[27]

A crítica feminista vai mais longe. Susan Moller Oki, filósofa de origem neozelandesa,[28] denuncia as tensões que existem entre gênero e cultura. Ela observou, entre outras,

---

[27] GUÉRARD DE LATOUR, S. *Ibidem*, p. 4-8.
[28] MOLLER OKIN, S. *Is Multiculturalism Bad for Women?* Princeton University Press, 1999, p. 1-24.

a disparidade de poder dentro dos grupos que apostam no controle das mulheres pelos homens, em nome da cultura e dos mitos fundadores. Ela descreve o conflito entre os direitos e a cultura, em que a servidão das mulheres é apresentada como uma exigência das tradições e alerta para o choque de culturas, podendo levar a uma subcultura da opressão. Na sua opinião, a reivindicação da defesa cultural exige a transformação da cultura patriarcal. É de se perguntar com Susan Moller Okin se o multiculturalismo é "ruim para as mulheres".[29] Tal reflexão leva a reconhecer que as mulheres têm o direito de não ser prejudicadas em sua pertença cultural, por causa do sexo. No entanto, muitos observadores não concordam com a autora sobre este assunto. Ela é acusada de focalizar o gênero, subestimando as diferenças culturais, de referir-se à religião como a mitos, de fundamentar-se numa moral universal, de não deixar espaço para ouvir o que as mulheres dizem sobre elas mesmas ou o que as democracias têm para oferecer aos grupos minoritários.

A partir dessas observações, percebo que o multiculturalismo e o feminismo são instâncias de conflitos inter-relacionados. O que nós precisamos é de um multiculturalismo inclusivo, fator de uma maior igualdade, que trate as pessoas com equidade e leve em conta a luta pelo poder, a questão de gênero, de classe, de religião e de cultura. Portanto, é o multiculturalismo que interage no particular e no universal, no público e no privado, no local e no global, em todos os aspectos da vida em sociedade.

Esse novo paradigma exige igualmente uma reflexão teológica e ética. A pergunta que surge é: O que a Teologia Feminista tem para oferecer ao multiculturalismo e como

---

[29] *Ibidem.* Questão fundamental do livro à qual a autora tenta dar uma resposta.

ela pode inserir-se no projeto de um multiculturalismo crítico, confrontando a globalização dos sistemas de exploração e dominação? Em que esse tipo de teologia pode contribuir para a criação de um multiculturalismo mais inclusivo, capaz de levar a formas de vida coletiva que favoreçam as relações, a partilha, a reciprocidade e, portanto, outra coisa que não sejam considerações gerais de uma fraternidade universal em nome da globalização?

Ao participar do 5º Congresso de Pesquisa Feministas da Francofonia, em 2008, em Rabat, Marrocos, foi para mim uma oportunidade para entrar num debate apaixonante com mais de cento e cinquenta outras participantes.[30] Ao propor reinventar os conceitos de igualdade/diferença, perante a ideologia dominante do patriarcado, do desenvolvimento sustentável e da alterglobalização, o Congresso contou com novas alianças e apelou para a dignidade das mulheres. Ao registrar suas contribuições sobre o multiculturalismo, as conferencistas estão conscientes de fazer história. De minha parte, ao compartilhar com a assembleia a história das mulheres de Barreiras, eu vejo as barreiras se desfazerem. Tenho consciência de viver uma experiência inédita de relacionamento com a Mãe Terra e com todos os seres. Estou consciente de incluir uma história em outra história, a de uma libertação mais inclusiva. O presente já é portador do futuro.

Muitas outras comunicações vão seguindo em frente. Impossível esquecer as lutas das mulheres muçulmanas de Marrocos, do Magreb, da Tunísia lutando pelos seus direitos, quando dizem: "No centro dessa estratégia combinada com a minha fé, eu sinto o direito de exigir meus direitos!" Como não ser tocada pelas questões relevantes das mulheres

---

[30] BENRADI, M. Trabalhos do 5º Congresso das Pesquisas Feministas na Faculdade das Ciências Jurídicas, Econômicas e Sociais de Rabat, Marrocos, 21-22 de outubro, 2008.

africanas do Senegal, de Camarões, do Congo e do Mali: Até quando o desenvolvimento vai combinar com a desigualdade de gênero? Que significa ser pobres e majoritárias em países pobres? Então, compreendemos melhor por que o mercado informal do microcrédito chega a explorar as mulheres. Por sua vez, as mulheres do Canadá, do Quebec e da Europa francesa falam das tensões e paradoxos ligados ao direito à igualdade, à diversidade étnica e religiosa, mesmo no coração de um feminismo secular. Mas o discurso das mulheres da América do Sul une a todas no que diz respeito à violência sexual, psicológica e moral que está aumentando em todo o mundo e sempre faz da mulher uma "estrangeira", porque nem o sexo nem o seu corpo lhe pertencem.

No final desse Congresso, não há nenhuma conclusão, mas sim uma vontade de prosseguir na luta. Claramente, a busca da igualdade para as mulheres é possível e nossa presença aqui demonstra o nosso compromisso em continuar a caminhar e trabalhar juntas. Uma primeira constatação: não há busca possível sem continuar na luta para nos entender além das fronteiras. Porém, uma questão nos incomoda: será que o feminismo deveria também levar ao religioso, já que todas as culturas estão envolvidas com a dignidade humana? Uma nova cultura não está já em construção?

Como realizar o envio no final do Congresso? Já me sinto menos ameaçada pelo multiculturalismo e mais familiarizada com a investigação que vou continuar, apesar de seu tamanho. Eu entendo que a Teologia Feminista está em jogo. Participar na busca da dignidade humana, como teólogas, não nos dispensa de fazer a hermenêutica de Elisabeth Schüssler Fiorenza, ou ainda de construir a ecojustiça, segundo Ivone Gebara, e, sobretudo, de nos tornarmos cada vez mais solidárias com todas as mulheres na busca de um sentido para suas vidas.

Conclusão

Seria subversivo para todo interesse humano que o grito de metade da família humana fosse abafado [...]. Tem sua causa ligada a toda agonia emudecida – a de toda ofensa que carece de voz. [...] Tem sido necessário ao mundo andar mancando com o passo oscilante, unilateralmente hesitante de quem perdeu um olho. De súbito, ao removerem a bandagem do outro olho, ilumina-se o corpo todo. Restaurando o olho cego, todos os demais membros se rejubilam.[1]

(Ana Júlia COOPER)

Essas poucas palavras da autora afro-americana, Ana Júlia Cooper, descrevem tanto a minha jornada até agora quanto a transformação da libertação na qual está inserida. Desde a minha chegada ao Brasil,

---

[1] COOPER, A. J. "A Voice from the South, 1882", *Schomburg Library of Nineteenth Century Black Women Writers*. New York: Oxford University Press, 1988; SCHÜSSLER FIORENZA, E. *Discipulado de iguais, op. cit.*, p. 383; *Idem, The Power of Naming, op. cit.*, p. xii.

tenho percebido a importância do processo de libertação, iniciado na América Latina com a Teologia da Libertação e com a opção preferencial pelos pobres. Aos poucos, percebi até que ponto esta libertação pode transformar a história e fazer parte da história refletida à luz da fé.

No entanto, foi necessário ressoar o grito subversivo de mais da metade da família humana, que são as mulheres, para entender até que ponto a opção pela mulher pobre entre os pobres é decisiva para a história e a comunidade de fé. O surgimento da Teologia Feminista na América Latina abriu os meus olhos para a amplitude dos problemas que as mulheres pobres têm de enfrentar, paradigmas da humanidade ferida e dos ecossistemas ameaçados. Porém, quando os olhos cegados pelo sexismo, pelo racismo e pelo neoliberalismo vão se abrindo, descobre-se a responsabilidade de prosseguir no caminho de uma libertação mais inclusiva.

Graças à Teologia Feminista Crítica da Libertação e à solidariedade com as mulheres do passado e do presente, eu descobri o círculo completo da situação, onde se percebia apenas um segmento. Na verdade, foi identificando as diferentes estratégias de libertação a partir da dança hermenêutica crítica feminista da libertação que eu compreendi melhor as estruturas de opressão na sociedade e na Igreja e a possibilidade de libertar-nos.

"Restaurando o olho cego, todos os demais membros se rejubilam!" Foi assim que entrei na "dança", fazendo de cada passo um trampolim para vencer o desafio de construir uma humanidade diferente. A partir daí, pude ver até que ponto todo o corpo da terra, que somos nós, é afetado e clama por uma espiritualidade mais inclusiva, uma solidariedade mais responsável, uma terra diferente para reintegrar, dando razão à nossa esperança. Então, perguntei-me como é que as mulheres podem retomar o espaço que é delas nessa Terra Mãe de libertação mais inclusiva? Agora eu sei que a Teologia Feminista é realmente uma ferramenta essencial para a transformação da libertação e sua realização na história e na Igreja. Será que pode se falar da libertação, se metade da humanidade não está sendo integrada? Pode se falar de libertação, se o olho permanece fechado para essa parte da humanidade que ainda está sob a influência da opressão piramidal? Pode se falar de libertação se as culturas e as religiões não podem nomear a Deus? Pode se falar sobre a libertação se apenas alguns têm acesso ao círculo completo das questões que desafiam a libertação? Podemos falar de libertação sem levar a luz para que a vida e todas as vidas possam surgir até os confins da terra? Podemos falar de libertação quando muitas mulheres não conseguem fazer parte do corpo da Terra Mãe numa libertação mais inclusiva?

Vai demorar um bom tempo, sem dúvida, para garantir nossa inserção nos círculos concentrados de uma libertação mais inclusiva. Com o ecofeminismo, aprendemos a importância da interdependência dos ecossistemas na busca do bem-estar da existência. Devemos estar convencidas da importância de poder contar com a biodiversidade das relações humanas e das culturas, das religiões e teologias, da ética e da ecojustiça, da história sagrada, finalmente emergindo da terra, para realizar uma transformação da libertação em plenitude!

Bibliografia

AFARD/AAWORD, (org.). *Genres et politiques néolibérales*. Rabat, Maroc, Dawn Femnet, 2006.

AQUINO, M. P. *A teologia, a Igreja e a Mulher na América Latina*. São Paulo: Paulinas, 1997.

_____. *Nosso clamor pela vida: Teologia latino-americana a partir da perspectiva da mulher*. São Paulo: Paulinas, 1996.

BARONI, L. (col.) *Voix de femmes, voies de passage. Pratiques pastorales et enjeux eclésiaux*. Montréal: Paulines, 1995.

BAUM, G. *Compassion et solidarité*. Montréal: Bellarmin, 1992.

BETTO, F. "A teologia da libertação ruiu com o muro de Berlim?", *in Revista Eclesiástica Brasileira*, 50/200, 1990.

BOFF, C. "Uma análise de conjuntura da Igreja Católica no final do milênio", *in Revista Eclesiástica Brasileira*, 56/221, 1996.

_____. *Do lugar do pobre*. Petrópolis: Vozes, 1981.

BROWN MCAFFE, R. *Theology in a New Key: Responding to Liberation Themes.* Philadelphia, Westminter Press, 1978.

BRUNELLI, D. *Libertação da mulher.* Rio de Janeiro: CRB, 1988.

CEDEF: <www.pch.gc.ca/progs/pdp-hrp/docs/cedaw/cedawfacts_f.cfm>.

CELAM. *Conclusões da Conferência de Puebla.* São Paulo: Paulinas, 1979.

_____. *Conclusões da IV Conferência do Episcopado Latino-americano: Santo Domingo.* São Paulo: Paulinas, 1992.

_____. *Conferência de Medellín.* São Paulo: Paulinas, 1998.

_____. *Das Diretrizes a Santo Domingo.* São Paulo: Paulinas, n. 38, 1992.

CHOPP, R. S. *The Praxis of Suffering*: An Interpretation of Liberation and Political Theologies. New York: Orbis Books, 1986.

CNBB. *Diretrizes Gerais da Ação Evangelizadora da Igreja no Brasil* (1999-2002). São Paulo: Paulinas, doc. 61, 1999.

_____. Projeto *"Ser Igreja no Novo Milênio" explicado às Comunidades.* São Paulo: Paulinas, 2000.

COMBLIN, J. *O povo de Deus.* São Paulo: Paulus, 2002.

COOPER, A. J. "A Voice from the South, 1882", *Schomburg Library of Nineteenth Century Black Women Writers.* New York: Oxford University Press, 1988.

DAVIAU, P. (dir.). *Pour libérer la théologie. Variations autour de la pensée d'Ivone Gebara.* Québec: Les Presses de l'Université Laval, 2002.

DECLARAÇÃO DO MILÊNIO: Disponível em: <http://www.aidh.org/mill/decl_millen.htm>.

DUSSEL, E. et al., *Les luttes de libération bousculent la théologie*. Paris: Cerf, 1975.

EICHER, P. *Dicionário de conceitos fundamentais de teologia*. São Paulo: Paulus, 1993.

ELLIS, M. H. e MADURO, O. (dir.) *The Future of Liberation Theology Essays in Honour of Gustavo Gutiérrez*. New York: Orbis Books, 1989.

FERNANDES, J. C. (org.). *A Pastoral entre Puebla e Santo Domingo. Tensões e mudanças na década de '80*. Petrópolis: Vozes, 1997.

GEBARA, I. "A mulher faz teologia: Um ensaio para reflexão", *in Revista Eclesiástica Brasileira*, 46/18, 1986.

_____. "A opção pelo pobre como opção pela mulher pobre", *in Concilium*, n. 214, 1987.

_____. *De la théologie de la libération à la libération de la théologie*. Montréal: Congrès de l'Entraide missionnaire, 2008.

_____. "Espiritualidade feminista, risco e resistência". *in Concilium*, n. 288, 2000.

_____. *Fragile liberte*. Montréal: Médiapaul, 2005.

_____. *Le mal au féminin: Réflexions théologiques à partir du féminisme*: Paris, L'Harmattan, 1999.

_____. *Les eaux de mon puits. Réflexions sur des expériences de liberte*. Belgique: Éditions Mols, coll. Autres regards, 2003.

_____. *Levanta-te e anda*. São Paulo: Paulinas, 1989.

_____. *Longing for Running Water: Ecofeminism and Liberation*. New York: Fortress Press, 1999.

_____. *Poder e não poder das mulheres*. São Paulo: Paulinas, 1991.

_____. *Teologia ecofeminista: Ensaio para repensar o conhecimento e a religião*. São Paulo: Olho d'Água, 1997.

_____. *Teologia em ritmo de mulher*. São Paulo, Paulinas, 1994.

GEBARA, I. e BINGEMER, M. C. L. *Maria, Mãe de Deus e Mãe dos pobres*. Petrópolis: Vozes, 1988.

GÖSSMANN, E. et al. *Dicionário de teologia feminista*. Petrópolis: Vozes, 1997.

GUÉRARD DE LATOUR, S. Multiculturalisme, in: V. Bourdeau e R. Merrill, (dir.), *DicoPo, Dictionnaire de théorie politique*. Disponível em: <http://www.dicopo.org/spip.php?article90>, p. 1-3.

GUTIÉRREZ, G. *A força histórica dos pobres*. Tradução de Álvaro Cunha. Petrópolis: Vozes, 1981.

_____. *Teologia da Libertação*. Tradução de Jorge Soares. Petrópolis: Vozes, 1976.

HAIGHT, R. *An Alternative Vision*. États-Unis: Paulist Press, 1985.

IRMÃS DA CARIDADE DE OTTAWA. *Crônicas do Brasil*. Ottawa: Arquivos da Casa Mãe, 1979-2004.

JOÃO PAULO II. Discurso inaugural do papa João Paulo II da IV Conferência Geral do Episcopado Latino-americano. Disponível em:<www.vatican.va/beatificazione_gp2/pontificato_gp2_po.html>.

_____. *Mensagem aos bispos do Brasil*. São Paulo: Paulinas, 1986.

JOHNSON, E. *Aquela que é: O mistério de Deus no trabalho teológico feminino*. Petrópolis: Vozes, 1995.

LIBÂNIO, J. B. "A propósito dos casos Gutiérrez e Boff", *Perspectiva teológica*, 19/40, 1984.

LIBÂNIO, J. B. e ANTONIAZZI, A. *Cenários de Igreja*. São Paulo: Loyola, 1999.

_____. *Vinte anos de teologia na América Latina e no Brasil*. Petrópolis: Vozes, 1993.

LORENTZEN, L. A. e GEBARA, I., (b.1944). Disponível em: <http://www.clas.ufl.edu/users/bron/PDF–Christianity/Lorentzen–Ivone%20Gebara.pdf>.

MOLLER OKIN, S. *Is Multiculturalism Bad for Women?* Princeton: University Press, 1999.

MOLTMANN, J. *Experiences in Theology*. Great Britain: First Fortress Press, 2000.

MUNHOZ, A. *Feminismo e Evangelização*: Interpretações e Perspectivas. Tese de mestrado, Faculdade Nossa Senhora da Assunção, São Paulo, 2002.

NAUTA, R. *Latin American Women Theology Exchange*, 48, 1987.

PIEDAD CAICEDO, L. *"Défendre les droits humains: pourquoi au juste?"* Montréal: Congrès de l'Entraide missionnaire, 2008.

PLATE-FORME D'ACTION DE BEIJING. Disponível em: <www.unesco.org/education/nfsunesco/pdf/BEIJIN_F.PDF>.

RICHARD, P. *Morte das Cristandades e nascimento da Igreja*. São Paulo: Paulinas, 1982.

ROSADO NUÑES, M. J. F. *"A voz das mulheres na Teologia Latino-Americana"*, in Concilium, n. 263, 1996.

SCHÜSSLER FIORENZA, E. *As origens cristãs a partir da mulher*: Uma nova hermenêutica. São Paulo: Paulinas, 1992.

_____. *Bread Not Stone*: The Challenge of Feminist Biblical Interpretation with a New Afterword. Boston: Beacon Press, 1995.

_____. *But She Said*. Boston: Beacon Press, 1991.

_____. *Discipulado de iguais*: Uma ekklesia-logia feminista crítica da libertação. Tradução de Yolanda Steidel Toledo. Petrópolis: Vozes, 1995.

_____. *Jesus and the Politics of Interpretation*. New York: Continuum, 2000.

_____. *The Power of Naming*. New York: Orbis Books, 1996.

_____."Vers une théologie libérée et libératrice", *in Concilium*, n. 135, 1978.

_____. *Wisdom Ways*: Introducing Feminist Interpretation. New York: Orbis Books, 2001.

SEGUNDO, J. L. *The Liberation of Theology*. Maryknoll: Orbis Books, 1975.

SEMPREVIVA ORGANIZAÇÃO FEMINISTA. "Marcha Mundial das mulheres contra a pobreza e violencia sexista e pela distribução da riqueza", *in Editorial*. São Paulo, 08-03-2000.

SERGOVIA, E. F. *Toward a New Heaven and a New Earth*. New York: Orbis Books, 2003.

ST-JEAN, J. (org.). *Catequese libertadora*: Catequese de crianças, Catequese de Adolescentes, Catequese de Jovens. Paróquia Santo Antônio. Guarulhos: Artes Gráficas Prática, 1999.

ST-JEAN, J. *O "Discipulado de iguais" no contexto dos pobres da América Latina. Desafios à missão evangelizadora na ótica da teologia feminista*. Tese de mestrado. São Paulo: Centro Universitário Assunção, 2002.

SOBRINO, J. e ELLACURÍA, I. (dir.). *Systematic Theology*: Perspectives from Liberation Theology. New York: Orbis Books, 1993.

SOTER, Congresso 2002. *Gênero e Teologia-Interpretações e Perspectivas*. São Paulo: Loyola, 2003.

SUESS, P. *Evangelizar a partir dos projetos dos outros*: ensaios de missiologia. São Paulo: Paulus, 1995.

SUSIN, L. C. (org.). *O mar se abriu*. São Paulo: Loyola, 2000.

TEMAS DA CF. Disponível em: <http://www.saofranciscona-coes.hp.ig.com.br/index_paroquia/liturgiacamp_frater.htm>.

TEPEDINO, A. M. e AQUINO, M. P. *Entre la indignación y la esperanza*: Teologia feminista latino-americana. Columbia-American Press, 1998.

TEIXEIRA, F. *Os Encontros intereclesiais de CEBs no Brasil*. São Paulo: Paulinas, 1992.

TORRES, S. e EAGLESON, J. (dir.). *The Challenge of Basic Christian Communities*. New York: Orbis Books, 1990.

TROCH, L. "A imagem de Deus – Teologia na articulação dos direitos da mulher", *in Concilium*, n. 298, 2002.

TROCH, L. *Curso de métodos de teologia em perspectiva feminista*. São Bernardo do Campo: Universidade Metodista de São Paulo, novembro, 2000.

UNIFEM: <www.unifem.org/about/brochure.php?lang=fre>.

VARGAS DO AMARAL PEIXOTO, C. "Coronelismo, Enxada e Voto". *O Globo*, 10-02-01. Disponível em: <www.iets.org.br/article.php3?id_article=496>.

VERHELST, J.-T. *Triologies entre le cosmique, l'humain et le divin*. Disponível em: <http://www.trilogies. org/spip.php?article29>.